HEYNE<

Frank Goosen

Radio Heimat
Geschichten von zuhause

WILHELM HEYNE VERLAG
MÜNCHEN

Verlagsgruppe Random House FSC-DEU-0100
Das für dieses Buch verwendete FSC®-zertifizierte Papier
München Super liefert Arctic Paper Mochenwangen GmbH.

Vollständige Taschenbuchausgabe 03/2012
Copyright © 2010 by Eichborn AG, Frankfurt am Main
Copyright © 2012 dieser Ausgabe by Wilhelm Heyne Verlag, München in der
Verlagsgruppe Random House GmbH
Printed in Germany 2012
Umschlaggestaltung: Nele Schütz Design, München unter Verwendung des
Originalumschlags von Christiane Hahn und eines Fotos von Philipp Wente
Satz: Fotosatz Amann, Aichstetten
Druck und Bindung: GGP Media GmbH, Pößneck
ISBN: 978-3-453-40837-1

www.heyne.de

»Sag mal, Omma, stimmt das denn alles, was du da so erzählst?«
»Hasse dich gelangweilt?«
»Nö.«
»Na also!«

Für Omma

Inhalt

FAKTEN FÜR VERBRAUCHER

UNTERHALTUNG AM WOCHENENDE

NACHRICHTEN, WETTER, VERKEHR

Land und Leute

Nicht schön, aber direkt

An lauen Sommerabenden stehe ich gern auf der Eisen-bahnbrücke am Lohring in Bochum und schaue auf meine Stadt. Ich sehe das Mercedes-Hochhaus am Bahnhof, die Fiege-Brauerei, das neue Hochhaus der Stadtwerke (das ein bisschen aussieht wie der Monolith aus »2001«), die Türme von Propstei- und Christuskirche, und ganz rechts erkenne ich sogar noch den Förderturm des Bergbau-Mu-seums. Und dann denke ich: Boah! Schön ist das nicht!

Wir im Ruhrgebiet laden Auswärtige gern ein, zu uns zu kommen, um ihren Begriff von Schönheit zu erweitern. Eine mittelalterliche Garnisonsstadt mit Stadtmauer, Fach-werkhäusern und Fürstenresidenzen schön finden, das kann jeder. Aber auf dem Gasometer in Oberhausen stehen, sich umgucken und sagen: Wat ne geile Gegend!, das muss man wollen. Dafür muss man von hier sein.

Was wird am Ruhrgebiet am meisten überschätzt? Das viele Grün! Wir können es nicht mehr hören, wenn die Zugereisten sagen: Ich hätte nie gedacht, dass es hier so viele Bäume gibt! Ja, stellt euch vor, wir haben sogar fließend Wasser!

Aber »Gegend«, von der wir bei uns nebenbei bemerkt gar nicht so viel haben, ist auch nicht so wichtig. Das Wichtige sind immer die Leute.

Was sind wir für ein Menschenschlag im Ruhrgebiet? Nun, man sagt uns nach, wir seien nicht besonders höflich, dafür aber sehr direkt. Das heißt, man kommt mit uns ins Gespräch, ob man will oder nicht. Und erfährt bisweilen Dinge, ohne die man durchaus hätte weiterleben können. Ich selbst stand mal an einer Ampel und gewahrte aus dem Augenwinkel einen älteren Herrn, der nonverbal, durch aggressives Gucken, mit mir Kontakt aufnehmen wollte. Ich hatte daran kein Interesse und versuchte, das rote Männchen zu hypnotisieren, auf dass es schneller dem grünen Platz mache. Da sprach der Mann mich doch noch an.

»Na? Willz au rübba?«

Ich hielt dicht.

»Ich hab hier mal zehn Minuten gestanden«, fuhr der andere fort, »dann hab ich gemerkt, die Ampel is aus! Ich hatte immer so rote Flecken vor die Augen, da dachte ich, dat is die Ampel, aber dann bin ich zum Arzt gegangen, und der sachte, ich hab noch drei Monate. Du, is grün, lass rübbagehn!«

Oder fragen Sie mal in unserer Gegend nach dem Weg. Woanders kann es Ihnen passieren, dass Ihnen auf die entsprechende Frage tatsächlich erklärt wird, wie Sie Ihr Ziel erreichen. Bei uns müssen Sie mit der Antwort rechnen: »Watt willze denn da? Hömma, ich war da ma. Da war scheiße. Da willz du gar nich hin! Ich sach dir getz ma, wo du hinwillz!«

Wir befleißigen uns im Ruhrgebiet einer eher kräftigen, derben Sprache. Eine Begrüßung wie »Ey Jupp, du altes Arschloch!« wird vom Angesprochenen nicht zwingend als Beleidigung empfunden. Im Gegenteil: Trifft man diesen Jupp ein paar Tage später wieder und sagt nur: »Hallo Jupp!«, kann es sein, dass er zurückstänkert: »Watt is denn mit dir los? Bin ich dir kein Arschloch mehr wert, Herr Graf?«

Auch hat unsere Sprache oft etwas sehr Bildhaftes. Kleine Kinder oder Erwachsene unter eins siebzig werden gern als »Furzknoten« bezeichnet. Und wenn man eine unattraktive Frau als »Schabracke« bezeichnet, hat man sie doch ebenso vor Augen wie den ungepflegten Mann, den »Schäbbigen«.

Manchmal sollte man aber darauf verzichten, sich das, was da so bildhaft beschrieben wird, umstandslos vors innere Auge zu holen. So etwa wenn die Omma sagt: »Kär, ich war auf die Beerdigung von die alte Döhmann. Da war so kalt, da habbich mir richtich n Pinn inne Fott gefrorn!«

Oder wenn der Nachbar einen im Flur abpasst und meint, im Keller sei mal wieder das Licht defekt: »Da is widda finster wie im Bärenarsch!«, da fragt man sich natürlich, woher die Leute ihre Vergleichsmöglichkeiten haben.

Wir sind eben Sprücheklopfer. Das heißt, wir sind in der Lage, große Weisheiten in kleine Sätze zu packen. Meine Omma zum Beispiel. Die konnte man alles fragen, sich von ihr auch komplizierte historische Zusammenhänge allgemeinverständlich erklären lassen:

»Omma, wie war das nach dem Krieg?« – »Na ja, wir hatten nix!« Da steckte alles drin. Und mit dem Zusatz »War doch allet kaputt odda beim Russen!«, floatete sie auch noch die Reparationsproblematik mit ein. Das funktionierte auch mit anderen Epochen: »Omma, wie war das mit Napoleon?« – »Na ja, der war klein!« Und mehr musste man über den Mann auch nicht wissen.

Oder mein Oppa! Von dem könnten die ganz großen Ruhrgebietsweisheiten stammen, die man sich so erzählt. Wenn mein Oppa zum Beispiel ausdrücken wollte, dass einer zwar die Schnauze aufreißt, aber nicht wirklich was zu erzählen hat, sagte er: »Kein Arsch inne Buchse, aber La Paloma pfeifen!« Und wenn er das steigern wollte, meinte er: »Keine Haare am Sack, aber im Puff drängeln!« Und ich habe später herausgefunden: Das stimmt! Müssen Sie mal drauf achten, wenn Sie den nächsten Termin haben!

Mein Oppa hatte auch keinen übertriebenen Respekt vor großen Namen – ganz im Gegensatz zu meiner Omma. Tauchte zum Beispiel einer der Lieblingsstars meiner Omma im Fernsehen auf, rutschte sie ganz nervös auf dem Sofa hin und her und rief: »Ach guck mal! Der Vicco Torriani!« Was mein Oppa gern mit einem knackigen »Der geht auch nur kacken!« konterte.

Ganz anderes Thema im Ruhrgebiet: die Luft. Früher hatten wir gar keine, heute sind wir laut Ruhrgebietstourismus GmbH der reinste Luftkurort. Eine Art Davos mit Industriekultur. Wenn da nicht ein fieses kleines Wörtchen wäre: Feinstaub. Doch mit Begriffen, in denen die Silbe »fein« drin vorkommt, kann der Alteingesessene nichts anfangen. Nehmen wir nur Theo, den alten Schrebergartennachbarn meiner Eltern: »Theo, was sagst du zum Thema Feinstaub?«

»Ach geh mir doch weg mit Feinstaub! Wir, nä, wir hatten früher Staubkörner, die waren groß wie RATTEN! Und wir sind auch groß geworden!«

Die Klischees über das Ruhrgebiet halten sich ziemlich hartnäckig, und jahrelang habe ich sehr viel Energie auf den Versuch verschwendet, sie zu widerlegen. Heute sage ich mir: Scheiß drauf! Wenn ihr den ganzen Mist glauben wollt, bitteschön. Überhaupt geht es darum, als Einheimischer ein entspanntes Verhältnis zu diesen Klischees zu entwickeln. Ich persönlich reise mittlerweile durchs Land und sage jedem, der es nicht hören will: »Ja, das stimmt alles. Wir leben wirklich unter Tage. Die Häuser oben sind nur Attrappen. Wir kommen praktisch nur für so quasireligiöse Zusammenkünfte wie meine Lesungen an die Oberfläche. Unsere Kinder kommen wirklich mit der Grubenlampe an der Stirn zur Welt. Und wir haben natürlich alle noch einen alten Förderkorb in der Küche, da wird morgens die Familie hineingetrieben, dann geht es in einem Affentempo auf tausend Meter Tiefe, und dann wird zum Frühstück an der leckeren Kohle geschleckt!«

»Stopp!«, rufen dann die Bedenkenträger. »Ist es nicht total peinlich, sich immer noch auf dieses überkommene Malochertum zu berufen?«

Gegenfrage: Ist es nicht viel peinlicher, sich selbst immer noch zu Blasmusik auf den Arsch und auf die Schuhe zu hauen, obwohl man auch seit hundert Jahren keine Kuh mehr auf die Alm getrieben hat?

Das Ruhrgebiet hat sich, im wahrsten Sinne des Wortes, das Recht erarbeitet, sich hemmungslos zu stilisieren und sich zu dem zu bekennen, was es einzigartig macht, nämlich ebenjene Arbeit. Zumindest die von früher.

Und trotzdem stehen wir an lauen Sommerabenden auf unseren Eisenbahnbrücken, schauen auf unsere Städte, freuen uns darüber, wie schön das Leben mit Abitur sein kann, und denken: »Nä, schön is dat nich. Abba meins!«

Oder wie es mein Oppa auszudrücken pflegte: »Ach, woanders is auch scheiße!«

Wir sind Strukturwandel

Mein Oppa und mein Onkel väterlicherseits sind noch »eingefahren«, und zwar auf Zeche Constantin in Bochum Riemke/Hofstede, und deshalb bin ich als Kind reichlich versorgt worden mit den ganzen Heldengeschichten über die Bergleute. Wie die arbeiten konnten! Wie die nach der Arbeit saufen und singen konnten! Und wie die essen konnten!

Meine Omma väterlicherseits hat mir erzählt, wie das

war, wenn sie Reibeplätzchen gemacht hat. Mein Vater, der Jüngste, der eben nicht auf dem Pütt war, schaffte von diesen armdicken, in einem halben Liter siedendem Fett in einer schweren gusseisernen Pfanne vor sich hinschwimmenden Dingern gerade mal zwölf, dreizehn Stück. Aber Oppa und Onkel, die hart arbeitenden Bergleute, hauten regelmäßig dreißig bis vierzig weg! Jeder!

Gewohnt haben die damals in einer langen Reihe von Häusern in der Bochumer Poststraße, im sogenannten »D-Zug«, und hier waren bis weit in meinen Erinnerungsbereich hinein die Toiletten auf halber Treppe, hatten schwarze Brillen und Deckel, und daneben hing eine Kette, an der nicht immer auch ein Griff zum Ziehen befestigt war. Im Winter war dieser Ort natürlich komplett unbeheizt, das heißt, alles, was man da tat, war ein Wettlauf mit dem Frost, schließlich war damals der Winter noch richtig kalt, genauso wie der Sommer noch richtig warm war, die Butter noch »gut« und das Geld noch was wert. Man musste also abwerfen, bevor der Arsch buchstäblich an der Brille festfror.

Nach der Schicht gingen die Bergleute gern nach gegenüber ins »Haus Walburg«, um sich ein paar Pils einzudrehen, und wenn diese dann nachts wieder auf Ausgang drängten, hatten die Männer nur wenig Lust, das warme Bett zu verlassen, um das eiskalte Klo aufzusuchen. Deshalb gab es, so will es die Überlieferung, in vielen Bergarbeiterhaushalten die segensreiche Erfindung des Gurkenglases. In diesem wurde über Nacht gesammelt, was dann am nächsten Morgen auf dem Weg zur Schicht endgültig zu entsorgen war.

Im Hinterzimmer von »Haus Walburg« probte Oppa Goosen mit seinem Männergesangsverein: Steigerlied, Am Brunnen vor dem Tore – die ganze Palette!

Meine Omma mütterlicherseits frönte übrigens damals einem in unserer Gegend sehr beliebten Hobby, dem »Im-Fenster-Liegen«. Während die Männer unten im Hof saßen und an einem Holztisch im Unterhemd Karten spielten, lagen die Frauen in geblümten Haushaltskitteln und mit einem grob gemusterten Kissen unter den Ellenbogen in den offenen Fenstern und unterhielten sich quer über die ganze Fassade. Sicher, man hätte einander auch besuchen können, aber das wäre nur der halbe Spaß gewesen, schließlich war man beim »Im-Fenster-Liegen« wenigstens zur Hälfte an der frischen Luft.

Doch das sind für mich letztlich nur Nachklänge aus der Vergangenheit. Ich war in unserer Familie der Erste, der aufs Gymnasium gegangen ist, was einem in der Gegend, wo ich herkomme, der Alleestraße in Bochum, nicht nur zur Ehre gereichte. Plötzlich hieß es beim Fußball nicht mehr: »Ey, Matschbirne, wie wär's mal mit ein bisschen Abwehrarbeit!«, sondern: »Ey, Gymnasium, bisse dir getz zu fein für'n scheiß Einwurf?«

Mit elf Jahren schrieb ich dann mein erstes Gedicht. Meine Omma hatte Tränen in den Augen und flüsterte: »Was haben wir nur falsch gemacht!« Und Oppa, sehr viel lauter: »Unter Adolf wär dat nich passiert!« Gleichsam aus Rücksicht auf meine Herkunft habe ich Abitur dann auch nur mit einem Notendurchschnitt von drei Komma eins gemacht.

Ich habe weder gedient noch Zivildienst machen müs-

sen, sondern einfach schon 1986 die weltpolitischen Um-
wälzungen vorhergesehen: »Das mit der Mauer, das hält
nicht mehr lange, ich fange erst mal an zu studieren.« Und
tatsächlich hatten sie ein paar Jahre später so viele poten-
zielle Rekruten, dass sie auf mich gerne verzichteten.

Also begab ich mich eines Morgens zu unserer Struktur-
wandel-Uni im Bochumer Süden. Noch in der Schlange
zur Einschreibung im Foyer des Audimax wusste ich gar
nicht so genau, was ich studieren sollte. Geschichte und
Deutsch waren mir in der Schule immer leichtgefallen,
warum sollte das an der Uni anders sein.

Nach zwei Stunden Wartezeit stand ich endlich vor dem
zuständigen Mitarbeiter der Universitätsverwaltung.

»Was wollen Sie studieren?«

»Geschichte und Deutsch.«

»Welcher Abschluss?«

»Och, ne Zwei wär okay.«

Ich wunderte mich noch, dass man sich das vorher aus-
suchen konnte, fand aber, dass einem so das Leben doch
enorm erleichtert wurde.

»Lehramt oder Magister«, sagte der Mann und grinste
fast ein bisschen.

»Ach Gott, ich kenne den Unterschied nicht, aber Lehrer
will ich auf keinen Fall werden, also sofort vom Insassen
zum Wärter umschulen … Also Magister.«

»Dann brauchen Sie noch ein drittes Fach.«

»Ein drittes Fach? Das ist ja fast wie Schule! Ich dachte,
ich lass mal langsam gehen und studiere vor allem Geschlechtsverkehr, Radaumusik mit Stromgitarren und
legale Drogen.«

»Ja, schon«, antwortete der freundliche Mann, »aber pro forma müssen Sie drei Fächer belegen.«

Gut, dachte ich, was kann noch leichter sein als Geschichte und Deutsch (das im Magisterstudiengang viel professioneller »Germanistik« hieß)? Genau: Politik. Und tatsächlich, Geschichte, Germanistik und Politik auf Magister konnte man an der Ruhr-Universität Bochum zwischen 1986 und 1992 weitestgehend auf einer Backe absitzen.

Finanziert wurde mir mein Studium übrigens von einem Mitarbeiter des BAföG-Amtes. Aus seiner eigenen Tasche. Seine Kinder hatten zu Hause nur Postsäcke anzuziehen und ernährten sich von Wasser und Brot, damit ich meinem Lotterleben an der Uni nachgehen konnte. Jedenfalls hat er sehr glaubhaft diesen Eindruck vermittelt.

Nach insgesamt zwölf Semestern (inklusive Magisterarbeit und Prüfungen sowie einem selbst verordneten Freisemester zum Abschluss meines ersten Romanversuchs) machte ich dann tatsächlich Examen. Um nicht als Prahlhans dazustehen, möchte ich die Note hier lieber verschweigen. Meine Omma hatte wieder Tränen in den Augen und sagte, zumindest sinngemäß: »Wenn das dein Oppa noch erleben könnte! Er würde dich grün und blau prügeln!«

Kurz darauf bin ich dann zum ersten Mal in einer jener Einrichtungen aufgetreten, in denen unsere Ahnen ihr Leben in der Arbeit gelassen hatten, und da war dann auch mir klar: Wir sind Strukturwandel.

Onkel Josef und Tante Henni:
Staying Power

Onkel Josef und Tante Henni haben es bis zur diamantenen Hochzeit geschafft. Wie sie da auf dem Sofa saßen (Tante Henni Mitte achtzig, Onkel Josef schon fast neunzig) und die Frau von der Lokalzeitung ihr Foto machte, da sahen sie aus, als sei ihr Erfolgsgeheimnis tatsächlich ewige Liebe, gegenseitiger Respekt und die instinktive Anwendung komplexer Konfliktbewältigungsstrategien, dabei steckt dahinter eher das, was Darsteller in Erotikfilmen »staying power« nennen. Auch überkommene Rollenverständnisse und, zum richtigen Zeitpunkt, die Bereitschaft zur schlagkräftigen Verteidigung der eingespielten Formation waren hilfreich, um diesen sechzigsten Hochzeitstag gemeinsam zu erreichen. Und dass keiner von beiden vorher gestorben ist, war natürlich auch gut.

Auf meine Frage, wie sie beide so lange durchgehalten hätten, zuckte Onkel Josef nur die Schultern: »Mit ner andern wär doch au nich besser.« Und da gab es nie irgendwelche Geschichten nebenher? »Ach, datt macht doch nur Ärger. Datt kommt immer irgendwann raus, und dann hasse wochenlang datt Gemecker und Gezeter. Datt bringt doch allet nix!« Und mit einem Blick auf die attraktive Fotografin fuhr er fort: »Ich bin fast neunzich. Wenn ich der da an den Hintern packe, lacht die und sacht, watt ist dat fürrüstigen alten Herrn! Und wenn ich mich anstrengen würde, könnte ich noch richtich bei der landen. Und dann? Dann kann ich mir erssma mein Butterbrot abends selber machen. Datt lohnt nich!«

Wenn man Tante Henni fragte, was sie an ihrem Josef schätzt, erzählte sie immer die Geschichte von den Fußballfans.

Onkel Josef und Tante Henni betrieben eine Selterbude in der Nähe des Stadions, wo an Spieltagen natürlich immer Hochbetrieb war, da sich die Fans vor dem Spiel gern noch ein bisschen preiswertes Flaschenbier zuführten. Da regierte dann die große Klappe, und wenn gegnerische Fans auf einheimische trafen, konnte es ziemlich zur Sache gehen. »Und wir immer Logenplatz«, meinte Tante Henni, »da war immer wat geboten!«

Einmal aber wurde eine Grenze überschritten. Knallevoll kamen die Fans vom Stadion zurück und einige randalierten. »Ich weiß gar nich, ob wir gewonnen hatten oder verlorn, is auch egal«, erinnerte sich Tante Henni, »jedenfalls kommen da die vier Seger an und pöbeln, watt ich so doof gucken würde aus mei'm Fenster, und ich denk, sach ma besser nix, dann gehen die weiter, datt sind vier, die werden sich nich anne alte Frau vergreifen, abba da kommt der eine an, bestimmt einsneunzich, und sacht, wieso ich nich antworten würde. Und ich sach: Auf sonne bescheuerten Fragen gibbet keine Antwort, abba datt war dann auch nich richtich. Jedenfalls fängt der an von wegen alte Schachtel. Er hat watt anderes gesagt, aber du wirss nich erleben, datt ich datt in den Mund nehm, Junge! Und dann holt der aus mit seine Bierpulle und kippt mir datt Bier ins Gesicht. Der Josef sitzt hinten und hört mich schreien, und auf einmal schießt der nach vorne und ausse Tür raus und nimmt sich die vier vor. Zack, beim Ersten gleich mitten rein ins Vergnügen, der fällt um und hält sich die Nase. Dem Zweiten eine aufs Ohr und dem Dritten in den Arsch getreten, da schrie der Vierte schon nach seine Mama.«

Onkel Josef hörte die Geschichte nicht ohne Stolz. Immerhin war er zum Zeitpunkt der Auseinandersetzung schon Mitte siebzig. »So etwas kann man sich nicht gefallen lassen«, sagte er, wenn auch nicht mit diesen Worten. Eher mit diesen: »Wer meine Olle anpackt, kricht auffe Fresse. Altes Gesetz.«

Groteskerweise erstatteten die vier »Opfer« Anzeige und Onkel Josef wurde vor Gericht gezerrt. »In der ersten Instanz habbich verlorn«, knurrte er. »Der Richter war sonn Grüner. Abba in der zweiten Instanz hab ich recht gekriegt.« Nicht zuletzt deshalb, weil da unter Vorsitz einer Richterin verhandelt wurde. Und Frauen haben für vieles Verständnis, so lange es aus Liebe geschieht.

Drei Jahre nach der diamantenen Hochzeit starb Tante Henni. Onkel Josef folgte ihr nur sechs Monate später.

Saubere Unterwäsche

Und dann war da noch Tante Martha, von allen nur Tante Matta genannt, weil der Ruhrgebietsmensch das r mitten im Wort nicht gerne spricht. Tante Matta hat sich immer

Sorgen gemacht und damit dummerweise nicht hinterm Berg gehalten.

»Ich mach mir so Sorgen um den Onkel Josef«, sagte sie mal zu mir. »Findest du nicht, dass er ein bisschen zu viel trinkt?«

Vom Alter her war ich nicht mal zweistellig, von daher konnte ich nicht beurteilen, wie viel zu viel war. Heute würde ich die Frage eindeutig bejahen, schließlich habe ich ihn auf Geburtstagen manchmal schon mittags Korn kippen sehen.

»Ich mach mir so Sorgen um den Rüdiger«, sagte sie ein anderes Mal, »dass der auf die schiefe Bahn gerät!«

Rüdiger war ein entfernter Cousin, der immer günstig Autoradios, Stereoanlagen und Fernseher auf Lager hatte. Sehr günstig. Originalverpackt. Die Bahn, auf der Rüdiger unterwegs war, schief zu nennen, war eine spektakuläre Untertreibung.

Am meisten machte sich Tante Matta aber Sorgen, man könne keine saubere Unterwäsche anhaben. Saubere Unterwäsche war für sie ein riesiges Thema. »Stell dir mal vor«, sagte Tante Matta gern, »du musst plötzlich zum Arzt!«

Klar, man kennt das ja: Man geht gut gelaunt die Fußgängerzone hinunter, schlägt sich unvermittelt mit der flachen Hand vor die Stirn und ruft aus: »Mensch, ich muss plötzlich zum Arzt!« Und der behandelt einen dann nicht, weil man keine saubere Unterhose anhat.

Oder: Man hat einen Autounfall, liegt blutüberströmt im Straßengraben, kann aber ganz locker bleiben, weil man kurz vor Fahrtantritt noch schnell die frische Unterwäsche angezogen hat. Und der Sanitäter ruft: »Lass den da

hinten abnippeln! Der hier hat ganz tolle, saubere Unterwäsche an!« Da wird man Tante Matta dann dankbar sein.

Noch als ich erwachsen war, eine eigene Wohnung
bewohnte und für meine Kleiderordnung und Körper-
hygiene selbst zuständig war, rief Tante Matta manchmal
an, sagte nicht »Guten Tag, wie geht's dir, mein Junge?«,
sondern als Erstes: »Hast du sauberes Unterzeug an?«

Unterzeug! Das Wort kam aus der Mode, als Stresemann
Reichskanzler war! Und was glaubte sie denn? Dass ich
gebrauchte Damenschlüpfer trug?

Bei Frauen reichte Tante Matta die Unterwäsche nicht.
Frauen mussten sich, im Gegensatz zu Männern, auch
regelmäßig waschen.

»Weißt du, ein herber Geruch hat noch keinem Mann
geschadet. Aber bei einer Frau ist so etwas doch sehr unangenehm.« Ich vermute noch heute, dass Tante Matta die
einzige Frau in unserer Familie war, die sich die Achsel-
höhlen rasiert hat. Heimlich.

Eine Frau hatte für Tante Matta nicht nur sauber zu sein,
sondern »reinlich«. Einmal verwickelte sie mich in ein Gespräch über meine damalige Freundin.

»Und?«, wollte Tante Matta wissen. »Ist sie reinlich?
Riecht sie gut?«

»Sie riecht toll, Tante Matta. Und du solltest ihre Unterwäsche sehen!«

»Und was ist mit ihrem Klo?«

Tante Matta war glühende Verfechterin der These, wer
ein schmutziges Klo habe, der habe auch einen verdor-
benen Charakter. Das ist bei mir haften geblieben. Noch
heute suche ich bei fremden Leuten zuerst das Bad auf und

untersuche die Kloschüssel. Ich sehe mir besonders die Schrauben an, mit denen die Schüssel im Boden verankert ist, denn dort sitzt der Staub, das ist ein Paradies für Staub! Und man kriegt ihn nur weg, wenn man das Klo wirklich gewissenhaft putzt. Ich gehe auf die Knie, untersuche die Schrauben und entscheide erst dann, ob ich diesen Leuten das Du anbiete.

So habe ich von Tante Matta doch noch was Praktisches fürs Leben gelernt. Und wenn ich auf Reisen bin, habe ich immer eine Unterhose mehr dabei als nötig.

Der Currywurst-Vorfall

Beinahe hätte es mich nie gegeben. Und schuld daran war eine Currywurst.

In Bochum gibt es das traditionsreiche Lichtspielhaus »Uniontheater«. Irgendwann in den Siebzigern wurde das in mehrere, zum Teil nur schuhkartongroße Mini-Kinos aufgeteilt und eigentlich müsste man die Geschichte erzählen, wie ich in einem davon Geschlechtsverkehr hatte – dummerweise ist das nie passiert. Dass ich hier betrunken den vierten Film der Star-Trek-Reihe gesehen und viel zu laut gelacht habe, sodass mich andere Zuschauer rausschmeißen wollten – das ist wiederum nicht ganz so weit an der Wahrheit vorbei.

Mit dem Uniontheater gleichsam untrennbar verbunden ist die legendäre Dönninghaus-Currywurstbude, an der es Mitte der Sechzigerjahre beinahe zu einem Zerwürfnis gekommen wäre, das meine ganze Existenz unmöglich gemacht hätte, im wahrsten Sinne des Wortes.

Im Laufe des Jahres 1964 hatten sich meine Eltern in der Tanzschule Bobby Linden kennengelernt. Die Tanzschule warb damals angeblich auf Bochumer Straßenbahnen mit dem Slogan »Tanz mit B. Linden!« Was von weitem allerdings aussah wie »Tanz mit Blinden«.

Mein späterer Vater lud meine zukünftige Mutter nach einer Phase des Anstands in ein Café zu Kaffee und Kuchen ein. Man plauderte und fand sich gegenseitig hinreichend nett. Doch als es ans Bezahlen ging, hatte mein Vater angeblich kein Geld dabei, sodass meine Mutter einspringen musste. Die Geschlechterverhältnisse waren noch nicht in jene Phase eingetreten, in der es gesellschaftlich akzeptiert ist, dass die Frau den Mann einlädt, also war meine Mutter nicht sonderlich amüsiert. Mein Vater entschuldigte sich und gelobte Besserung.

Vor dem Café verabschiedete man sich und stellte gegenseitig ein weiteres Treffen in Aussicht. Meine Mutter machte noch ein paar Besorgungen, kam irgendwann am Uniontheater vorbei – und traute ihren Augen nicht: Der gutaussehende Mann in dem dunklen Anzug, der vorhin behauptet hatte, keinen Pfennig in der Tasche zu haben, vertilgte mit großem Genuss eine Currywurst extra scharf. Meine Mutter stellte ihn zur Rede, es kam zu einem Wortgefecht, in dessen Verlauf mein Vater ziemlich kleinlaut wurde. Noch zwanzig Jahre später, wenn es auf Familienfeiern etwas lockerer wurde, holte meine Mutter diese Geschichte hervor, um meinen Vater in die Defensive zu bringen – etwa wenn es darum ging, wer fahren musste und wer noch was trinken durfte.

Was meine Mutter dazu bewogen hat, diesen Fauxpax meines Vaters wegzustecken, kann ich nur vermuten. Vielleicht fand sie es für eine spätere Verbindung hilfreich, immer ein bisschen was gegen ihn in der Hand zu haben. Was meinen Vater da geritten hat, weiß ich bis heute nicht. Vielleicht wollte er mit Investitionen erst mal vorsichtig sein, bevor er wusste, welche Dividende sie brächten. Ein gewisser Pragmatismus war immer eine ausgeprägte Eigenschaft unserer Sippe.

Übrigens trafen sich die beiden in den folgenden Wochen ziemlich oft und besuchten auch diverse Male das Uniontheater. Ich kann Ihnen aber versichern, dass ich meine Existenz nicht der letzten Reihe verdanke. Wie ich anderenorts schon mal ausgeführt habe, nannte mein Vater mich nie ein »Kinokind«, sondern immer ein »Haldenkind«. Aber das ist eine ganz andere Geschichte.

Helden

Wenn ich nicht mehr weiterweiß, fahre ich in Bochum die Alleestraße stadtauswärts, biege, vorbei an dem Gelände »City-West«, wo auch die Jahrhunderthalle steht, oben am Hochhaus der Kruppverwaltung links ab in die Kohlenstraße, dann, vorbei an den Resten des ehemaligen Heusnerviertels, wieder rechts, wo sich neben dem Ascheplatz des SV Germania die Kleingartenanlage Engelsburg e.V. erstreckt. Ich gehe zu Theo, dem alten Gartennachbarn meiner Eltern, weil Theo in seinem grauen Hausmeisterkittel alles weiß: wann man die Rosen beschneidet und die Tulpenzwiebeln in die Erde bringt, wer die nächste Wahl gewinnt und wieso Deutschland nicht Weltmeister wird.

Letzteres hat er mir schon letztes Mal erzählt, und seine Begründung war abenteuerlich: »Die werden nich Weltmeister, weil ich dat dumme Gelaber nich mehr hörn kann!«

»Was hat das denn damit zu tun?«, wollte ich wissen.

»Ach hör doch auf«, machte Theo weiter, »die einen labern rum, als wärnse schon Weltmeister, und die andern tun so, als wär dat unmöchlich! Ich kann dat nich mehr hörn, ehrlich! Getz packense sich anne Fott, weilse n paar Spiele innen Sand gesetzt hamm! Abba früher hamm die doch auch achtzich Prozent scheiße gespielt! Dat will nur heute keina mehr wissen.« Und dann wurde es wirklich wichtig, was ich daran erkannte, dass Theo ins Hochdeutsche wechselte – oder es wenigstens versuchte: »Der deutsche Fußball war dem südamerikanischen schon immer unterlegen! Wir gewinnen nicht, weil wir gut sind, sondern weil die Samba-Tänzer n schlechten Tach hamm! Und in den letzten Jahren hammwa au noch den Anschluss an die andern verpasst!«

Heute suche ich Theo auf, weil ich wissen will, wie es in Deutschland um das Thema »Helden« bestellt ist.

»Theo«, frage ich, »wer war der letzte deutsche Held?«

Theo nimmt einen Schluck Gründer Hell aus der Flasche, sagt: »Siechfried«, und rülpst. »Danach nur noch Durchschnitt.«

»Aber im Fußball haben wir doch immer Helden gehabt, oder? Die 54er-Mannschaft! Die von 72! Und dann so Leute wie Kuzzorra, oder?«

»Junge, du hass doch keine Ahnung. Held wirsse nur, wenn die andern dich dazu machen! Du kannz nich einfach sagen, so, ich hab getz dat und dat gemacht, dat war heldenhaft und getz bin ich n Held. Wat nützt et dir, wenne zwanzich Waisenkinder aus nem brennenden Haus rettes, und keiner krichtet mit und kann davon erzählen!«

»Aber beim Fußball, da kriegt es doch jeder mit, vor allem, seit es Fernsehen gibt!«

»Ach geh doch weg! Ich will dir ma wat erzählen: Da war einer aus der 54er-Mannschaft, ich weiß nich mehr, wer. Keiner von die Walters, nich der Boss und nich der Turek, ich weiß nich mehr. Jedenfalls war der in den Jahren nach seine aktive Laufbahn sonn bisschen ins Schleudern gekommen, wat dat richtige Leben angeht. Und 74 wollte der zum Endspiel kommen, hat an den DFB geschrieben, ob er n paar Karten haben kann. Und die hammse ihm auch geschickt. Und weisse, wat sie ihm noch geschickt hamm? Ne Rechnung! So sieht dat aus in Deutschland mit Helden!«

»Ist es denn woanders besser?«

Theo nimmt noch einen Schluck.

»Kumma, Junge, da is doch kürzlich in England der George Best gestorben, der alte Verbrecher. Du weiß doch, wat dem sein Wahlspruch war, oder?«

»Ich habe in meinem Leben einen Haufen Geld für Frauen, Alkohol und teure Autos ausgegeben. Den Rest habe ich sinnlos verprasst.«

»Genau. Und als der beerdicht wurde, in ...«

»Belfast«

»... genau. Und als der Leichenwagen durch die Stadt fuhr, da standen Tausende von Leute anne Straße und hamm geklatscht und Schals in seine alte Vereinsfarben auf dat Auto geworfen.«

Ich erinnere mich. Nicht weniger als einhunderttausend Menschen waren auf den Beinen und machten diese Beisetzung zu einer der größten in der Geschichte Großbritanniens.

»Und als der Maradona, dat alte Drogenwrack, in Buenos Aires im Krankenhaus laach, da zoch sich die Schlange der Leute, die wissen wollten, wat los is, um zehn Häuserblocks oder so. Weisse, wat los wär, wenn bei uns der Beckenbauer in München inne Klinik liegen würde? Da ständen unten nur n paar Blagen und würden nach Alimente schreien!«

Jetzt hat Theo sich in Rage geredet, was unweigerlich einen Jägermeister zur Beruhigung nach sich zieht. Er starrt auf das geleerte Glas und murmelt: »Ich trinke Jäger-meister, weil ich bescheuert bin!«

Dann zupft er sich den Kittel zurecht und macht weiter: »Und unsere? Früher war n Fußballspieler bisskenn blöd inne Birne, aber watt sollen die auch labern können! Die Bude sollense machen! Heute hammse alle drei Rhetorik-Seminare hinter sich und hörn sich an, als wär ihnen allet scheißegal. Abba die Leute sind auch doof, die Zuschauer, mein ich. Die wollen immer nur wissen, wat einer verdient. Weisse, dat is mir och scheißegal, ob der Kahn sechs Mil-lionen im Jahr kricht! Soll er doch, wenn er die Kugel fest-hält! Der feuert keine zehntausend Leute und packt keine kleinen Kinder an, also wat soll dat!«

Was ist das? Theo als Vorsitzender des Olli-Kahn-Fan-clubs?

»Abba n Held isser deswegen noch lange nich. Weisse, wenn ich so nachdenke und noch sonn kleinen Braunen kippe, dann denke ich, vielleicht is dat ganz gut, dat wir so Probleme mit unsere Helden hamm. Is doch auch irgend-wie albern, oder? Helden sind wa doch alle. Alle, die mor-gens noch den Arsch aussem Bett kriegen. Ker, getz hasse mich widda am Nachdenken gebracht. Du bis mir au sonn Held, du?«

Und mit der Flasche Jägermeister in der Hand verschwin-det Theo in seinen Rabatten.

Der Laberfürst

In unserer Gegend gibt es die Redewendung »Von nix ne Ahnung, aber immer große Fresse!« Damit beschreibt man Menschen, die mangelnde Ortskenntnis noch lange nicht davon abhält, anderen zu sagen, wo es langgeht. Ein Paradebeispiel für diese Art Mensch war ein Mann, der sich an den Rändern meiner Kindheit herumtrieb, in der Kleingartenanlage, auf diversen Festen der Erwachsenen oder auf dem Fußballplatz.

Für Typen wie ihn war das Wort »vierschrötig« erfunden worden: Kaum eins siebzig groß, aber ungefähr genau so breit, ein perfektes Quadrat als Schädel, mit Handflächen wie Essteller und Fingern wie die Griffe an Sporträdern. Seinen richtigen Namen habe ich vergessen, vielleicht wusste ihn auch niemand, denn alle nannten ihn nur »Laberfürst«. Niemand wusste genau, wo er seinen Namen herhatte, aber mir gefällt die Vorstellung, mein Vater habe ihn erfunden. »Das ist so ein richtiger Laberfürst«, sagte er einmal, als er mit meiner Mutter über ihn sprach. Das Wort gefiel mir und ich bekam es nicht mehr aus dem Kopf.

Der Laberfürst war überall und nirgends, schien nirgendwo zu wohnen und tauchte auf, ohne eingeladen oder angekündigt worden zu sein. Man saß im Schrebergarten und sah zu, wie die Sonne über dem Platz vom SV Germania brannte, da kam er plötzlich um die Ecke, zupfte an seinen Hosenträgern und laberte, als kriegte er Geld dafür. »Kär, watt is datt widda ein Wetter! Da sollze doch am besten zu Hause bleiben. Kühlschranktür auf und davorhocken oder gleich den Kopp in' Eisfach stecken. Nich in Gasherd, hähä! Nee, abba ich hab auch gar kein Gas, weiße. Wie lange geht dat getz mit die Hitze? Zwei Wochen? Abba wenn kalt is, sind auch alle am Meckern. Ich geh ma bei die Germania vorbei, aber die kriegen heute bestimmt widda den Arsch voll. Gegen wen spielen die eigentlich? Is doch egal, die steigen sowieso ab. Kann man ausse Kreisliga eigentlich absteigen? Nee, odda? Na is doch egal. Morgen soll Regen geben, aber getz muss ich los, hab mich widda festgequatscht. Bis die Tage!«

Überflüssig zu erwähnen, dass weder meine Mutter noch mein Vater noch meine Wenigkeit irgendeine Reaktion gezeigt, irgendein ermutigendes Signal gesendet hatte. Der Laberfürst brauchte keine Einladung, labern lief bei ihm automatisch.

Bei irgendeinem Sommerfest, bei dem neben der betonierten Tanzfläche hinterm Vereinslokal der Kleingartenanlage ein Bierwagen und eine Musikanlage aufgebaut worden waren, tauchte er aus der Menge auf, stellte sich zu Spüli, Pommes und mir und fragte, ob wir denn eigentlich wüssten, dass er mal Eintänzer gewesen sei. Wir wussten nicht mal, was das war, ein Eintänzer, aber selbstverständlich kriegten wir gleich einen Crashkurs verpasst. Mit Blick auf das Geschehen auf der Tanzfläche (es lief irgendwas von Freddy Breck oder Karel Gott oder Costa Cordalis oder Bata Ilic oder einem dieser Mutanten) legte er los: »Ich hab mit die Ollen getanzt, die keinen Kerl dabeihatten. Damit die nich so verlassen da rumsaßen, in die Cafés und Tanzschuppen. Und wisst ihr wieso ich da so gut war? Wegen mein' aristrokar … aristorkra … adeligen Auftreten. Datt hatten die gerne die Damen. Immer schick inne Clubjacke oder nem Anzuch! Da blieb datt natürlich nich aus, dass sich die eine oder andere mal in mich verguckt hat. Ganz ehrlich, datt hätte ich auch, wenn ich ne Frau gewesen wäre. So versaut, also optisch getz, wurde ich doch erst später durch die scheiß Maloche. Ich war ma sonn richtich Hübschen, glaubsse gar nich, du! Aber damals wurde ja au noch *getanzt!* Heute ist doch nur noch Gehüpfe und Gezappel. Ihr jungen Leute packt euch doch noch nich mal mehr an beim Tanzen. Ihr könnt doch gar nich *führen!* Ihr stellt euch gegenüber vonander auf, als wenn ihr euch hauen wollt! Datt hat doch mit tanzen nix zu tun! Nä geh mir weg mit den Mist!« Und grußlos verschwand er wieder in der Menge, auf der Suche nach seinem nächsten Opfer.

Manchmal habe ich ihn gar nicht gehört, sondern nur gesehen. Da stand er dann in der Gartenwirtschaft am Tresen und schwadronierte. Dabei federte er gern mal auf den Fußballen, um seinen Worten Nachdruck zu verleihen und um den Größenunterschied zu seinem Gesprächspartner für Sekundenbruchteile auszugleichen. Oder er zeigte irgendwohin oder stieß den Zeigefinger in Richtung des Angesprochenen, schüttelte den Kopf über etwas, das er selbst nicht glauben konnte, oder schlug sich vor die Stirn, dass es klatschte.

Der Laberfürst war nicht gefährlich, auch wenn er manchmal mit Gewalt drohte. »Kär glaubsse, bei mir hammse letzte Nacht schon widda inne Laube eingebrochen! Datt dritte Ma in diesem Jahr! Die hamm ein Tisch zu Klump gehauen und mir den ganzen Mariacron weggesoffen. Datt geht doch so nicht weiter! Ich leech mich getz da nachts auffen Sofa, bis ich die Sauhunde gepackt krich, und dann zieh ich denen den Aasch auf links, datt kannze mir glauben! Weißt du«, wechselte er ins ruhrgefärbte Hochdeutsch, wie wir es immer dann tun, wenn wir etwas Wichtiges, Offizielles verkünden wollen, »weißt du, dass ich diese Subjekte ohne Weiteres über den Haufen schießen könnte, ohne vom Arm des Gesetzes belangt zu werden? Ich verteidige meinen Grund und Boden, mein Hab und Gut! Das erfüllt von Rechts wegen den Tatbestand der Notwehr. Und von Links wegen auch, datt datt ma klar is!«

Theo, der alte Schrebergartennachbar meiner Eltern und selbst ebenfalls ein begnadeter Rhetor, erzählte mir Jahre später, wie die Geschichte weiterging: »Der Laberfürst hat tatsächlich wochenlang in seiner Laube übernachtet. Konnte der sich ja auch erlauben, als Frührentner. Und als er dann eine Nacht tatsächlich einen Einbrecher auf frische Tat packen konnte ... Odda sagen wir mal einen Suffkopp, den er dafür hielt, da hat er sich erssma mit dem hingesetzt und paar Kurze gekippt. Tja, und dann hat er die arme Sau ins Koma gequasselt. Der is erst drei Wochen später widda wach geworden.«

Anfang der Achtziger verstummte der Laberfürst für immer. Über seine Beerdigung wusste Theo noch zwanzig Jahre später recht lebhaft zu berichten: »Da standen wir um datt Loch rum und der Paster sachte, wir sollten getz alle ma n Moment die Klappe halten. Wir also alle Schweigeminute. Schweigeminute! Für den Laberfürst! Da musse erssma drauf kommen! Datt Einzige, watt wir gehört haben, war die Herner Straße im Hintergrund. Wie sonn

Gemurmel hat sich datt angehört. Und als die Minute vorbei war, hat dein Vatta zu mir gesacht: ›Hasse gehört? Der labert noch im Sarch!‹«

Weine nicht, meine Freund!

Das Ruhrgebiet ist ja immer auch ein Schmelztiegel unterschiedlichster Nationalitäten gewesen. Dem Klischee nach stammen wir ja alle von polnischen Püttadligen ab. Dass das dem Namen nach in meiner Familie nicht der Fall zu sein scheint (klingt mehr nach Benelux), muss mein Vater als Manko empfunden haben, weshalb er sich meiner Mutter in der Tanzschule Bobby Linden 1964 als »Goosenowski« vorstellte (siehe auch »Liebe ohne Raum oder Das Haldenkind« in »Mein Ich und sein Leben«).

Das war die Zeit, in der die ersten Italiener im Ruhrgebiet auftauchten. Später kamen die Türken, die Griechen und all die anderen, die nicht nur unseren Speiseplan bereicherten. Ab 89/90 wieder verstärkt Menschen aus dem östlichen Teil Mitteleuropas, also Polen, Ukrainer, Russen – und unsere Mitbürger von jenseits der Elbe.

Kurz nach der Wende hatte ich von Letzteren einen besonderen Menschen kennengelernt, der mir mit der angeblich so typischen Berliner Schnauze den Osten erklärte. Zum Beispiel meinte der Kollege: »Weeste, hättenwa Videorekorder jehabt, hättenwa keene Revolution jemacht. Fraacht sich, watt wir uns erspart hätten, wenn die Industriespionage der DDR etwas effektiver jewesen wäre.« Auch jenes schändliche Bauwerk, welches Berlin seinerzeit teilte, ordnete mein Ostberliner Vertrauter ganz anders ein als viele seiner Landsleute: »Und dit mit der Mauer, also weeste, ick habe nich ständich Angst vor jehabt. Jut, da sind Leute erschossen worden. Aber weeste: Et stand ooch *dran*!«

Mit diesem Menschen stand ich Anfang der Neunziger an der Selterbude in der Nähe meiner damaligen Wohnung, und diese Bude wurde betrieben von einem hochgewachsenen Türken mit eindrucksvollem Schnauzbart. Und der Berliner Kollege textete den schweigsamen Türken gnadenlos zu: »Sach ma, du bist ja ooch nich von hier, aber schon länger vor Ort. Wie findsten dit, dit wir jetzt alle hier ufftauchen, also die Polen, Ukrainer, Russen und wir Ossis. Wie findsten dit?«

Der Türke beugte sich vor und sprach: »Wir euch nicht gerrufen!« Gelebte Integration!

Ein anderes schönes Beispiel für perfekte Völkerverständigung mit charmanter Note durfte ich 2002 erleben. Einen Tag nach dem Endspiel der Fußball-WM im japanischen Yokohama, welches Oliver Kahn 0:2 verloren hatte, kam ich an meine damalige Bude, die ebenfalls von einem jungen Türken betrieben wurde, der in seinem Zeitschriftenangebot selbstredend auch türkische Publikationen feilbot. Die Hürriyet titelte an diesem Montag schon auf Deutsch: »Sei nicht traurig, Deutschland«, was schon eine nette Geste war, zumal man sich im Falle einer Finalniederlage der Türken, die ja ebenfalls im Halbfinale gestanden hatten, eine entsprechende, türkischsprachige Schlagzeile auf der BILD-Zeitung nur schwer hätte vorstellen können. Neben der Hürriyet hing aber auch eine türkische Fußballzeitschrift, die schon in ihrem Namen auf den Punkt bringt, wie man mit diesem wunderbaren Sport umgehen muss, die heißt nämlich »Fanatik«. Und das Titelbild der Fanatik zierte folgende Schlagzeile: »Weine nicht, meine Freund!« Großartig! Nicht *trotz*, sondern gerade *wegen* dieser kleinen grammatikalischen Unwucht!

Und dann durfte ich mal feststellen, dass Einheimische bei uns gern bei der Integration ausländischer Mitbürger helfen – zur Not gegen den Willen des zu Integrierenden.

Da saß ich einmal in der S-Bahn zwischen Bochum und Essen. Auf der anderen Seite des Ganges ein junger Südländer, der in einer Zeitung seiner Muttersprache las. Ihm gegenüber ein älterer Deutscher ohne Angst vor Klischees, also mit weißen Socken in offenen Sandalen und einer karierten Schiebermütze auf dem Kopf. Der versuchte zunächst nonverbal mit dem jungen Südländer Kontakt aufzunehmen und sprach ihn, als das nichts fruchtete, dann doch an. Aus der Antwort ging klar hervor, dass der Angesprochene kein Deutsch sprach. Nun hält sich gerade bei älteren Menschen hartnäckig ein alter Irrglaube: Wenn einer kein Deutsch kann, dann muss man nur *lauter* sprechen! Dann gibt das gegnerische Gehirn irgendwann auf und fängt an zu verstehen. Also brüllte der ältere Herr durch den ganzen Waggon: »Wissen Sie, Deutsch ist eine sehr schwere Sprache!« Der ganze Wagen war voller Leute, die das sofort unterschrieben hätten. Und die meisten waren hier geboren. »Schwer, aber schön!«, fuhr der selbst-ernannte Ausländerbeauftragte fort. Der junge Mann gegenüber versteckte sich krampfhaft hinter seiner Zeitung. »Und jetzt gebe ich Ihnen mal einen Rat!« Den der andere sehr deutlich nicht haben wollte. »Wenn Sie richtig Deutsch lernen wollen, dann müssen Sie einem Verein beitreten! Am besten einem Kegelverein! Da kriegen Sie auch gleich neue Schuhe! Und da nennt man Sie Bruder! Da sind Sie nämlich ein Kegelbruder!«

In diesem Moment kamen wir in Essen-Eiberg an. (Für alle Auswärtigen: Der Stadtteil heißt wirklich so!) Der junge Südländer sprang auf und verließ fluchtartig die Bahn. Nun, zumindest *glaubte* ich erst, er sei auf der Flucht vor dem weisen alten Mann. Dann aber dachte ich: Nein, wahrscheinlich sucht er draußen nur sofort nach der ersten Kneipe mit Bundeskegelbahn, stolpert in den Keller, klopft an eine Tür, zwölf Kerle mit Pinnchen voller Appelkorn in der Hand öffnen ihm und rufen gleich voller Freude: »BRUDER!« Ein schönes Bild.

Fast war ich versucht, dem Flüchtenden hinterherzurufen: »Wir sind nicht alle so!« Beziehungsweise: »Weine nicht, meine Freund!«

Kinderstunde

Alte Leute

In meiner Kindheit war ich umgeben von alten Leuten. Jedenfalls hatte ich damals den Eindruck. Alte Männer in Unterhemden und alte Frauen in Haushaltskitteln. Na gut, vielleicht waren sie gar nicht so alt, schließlich war ich selbst ziemlich jung, außerdem sehen Menschen, die richtig hart arbeiten, immer irgendwie alt aus, man denke nur an die Fotos von all den Fußballern aus den Dreißigern, die mit Ende zwanzig aussahen wie andere mit Mitte fünfzig, weil sie neben dem Kicken eben noch eingefahren sind.

Vor allem auf der Poststraße bei Omma und Oppa väterlicherseits waren die von mir als alt gefühlten Leute unterwegs. Die Frauen hatten ihre kompakten Körper in knapp sitzende, geblümte Haushaltspellen gequetscht, bei denen man immer dachte: Irgendwo in Deutschland fehlt jetzt wieder ein Duschvorhang. Auch wenn die wenigsten eine Dusche zu Hause hatten. Einmal die Woche durften Frauen und Kinder baden, die Kerle kamen ja immer schön sauber vom Pütt, duschten jeden Tag in der Kaue.

Die Haushaltskittel hatten keine Ärmel, und drunter trug die gute Ruhrfrau nichts, damit man die Oberarme schön blumenkohlig-weiß aus dem Kittel herauswachsen sehen konnte, breit und unförmig, mit einer über die Jahre gedehnten Impfnarbe.

Wenn sie nicht im Haushaltskittel daherkamen, trugen diese Frauen Tantenpullover. Unifarbene Strickpullis mit V-Ausschnitt, die sich über einem unglaublichen Atom-vorbau spannten. So was wird ja heute gar nicht mehr gebaut. Die Mieder, die das stützen mussten, waren Meis-terleistungen der Ingenieursplanung, höchstens noch ver-gleichbar mit Bauwerken wie der Fehmarn-Sund-Brücke. Diese Pullis saßen so eng, das war praktisch gehäkeltes Neopren. Man fragte sich spontan: Wie kommt die Tante da überhaupt rein? Vermutlich wie der Christbaum ins Netz kommt: Im Altersheim stand auf dem Gang eine durchgeschnittene Tonne, da kam vorne der Pullover drauf, und hinten schoben zwei Zivis.

Die alten Männer hörte man oft schon, bevor man sie sah. Ihnen ging ein abgehacktes Donnern voraus, und da wusste man gleich, da kommt wieder einer um die Ecke, der hat dreißig Jahre lang kaum das Sonnenlicht gesehen und hustet jetzt seine schleimigen Lungenreste auf den Bürgersteig hinaus. Und manchmal sah das, was da rauskam, aus, als würde es noch leben. Hackendes Lungendonnern – der Soundtrack einer Kindheit im Ruhrgebiet.

Sehr viele alte Männer fand man im Stadtbad. Ich weiß gar nicht, wieso ich da so oft hinging, vor allem im Sommer, mit dem Ferienpass. Vielleicht haben mich meine Eltern gezwungen, weil sie dachten, Chlor macht schlau. Jedenfalls war es schon ein beeindruckender Anblick, wenn man sah, wie die Kriegsgeneration ihre Prothesen auf der Wärmebank lagerte. Einmal rief so ein rüstiger Mittsiebziger mich, den Achtjährigen, zu sich, nahm seinen Unterschenkel ab und sagte: »Kumma, der Rest is inne Ukraine geblieben!«

In einschlägigen Kontaktanzeigen nennt man so etwas wohl »zeigefreudig«.

Alte Leute machten sich ständig Sorgen und warnten uns Kinder vor der bösen Welt dort draußen, eine Welt, die bevölkert war von Säufern, Huren, Dieben, Mördern und Kinderschändern. Die praktisch alle nebenan wohnten.

»Ich habe dir doch gesagt, du sollst nicht mit dem Nieswitz reden.«

»Onkel Nieswitz?«

»Das ist kein Onkel. Das ist ein böser Onkel.«

»Also doch ein Onkel?«

»Aber ein böser.«

»Der hat immer Klümpchen für mich.«

»Die hast du doch wohl nicht angenommen!«

»Waren lecker, die Klümpchen.«

»Mach das nie wieder!«

»Wieso denn nicht?«

»Das sind alles böse Onkel, die nehmen dich mit hinters Gebüsch!«

»Und dann?«

»Wirst du schon sehen.«

»Ich denke, ich soll nicht mitgehen?«

»Herrgott, du kannst einem aber auch auf die Nerven gehen!«

Außerdem beantworteten alte Leute nicht gerne Fragen, konnten aber auch nicht zugeben, dass sie etwas nicht wussten. Das lief dann ungefähr so:

»Onkel Josef?«

»Ja?«

»Wieso sind die Bananen krumm?«

»Wieso willst du das wissen?«

»Nur so.«

»So was fragt man nicht.«

»Warum nicht?«

»Das ist eben so.«

»Was ist wie?«

»Bananen sind eben krumm.«

»Aber dafür muss es doch einen Grund geben! Du hast mal gesagt, es gibt für alles einen Grund.«

»Sei froh, dass es bei uns überhaupt Bananen gibt!«

»Wieso?«

»Andere Leute haben keine Bananen, da können die Kinder auch nicht fragen, warum die krumm sind.«

»Wer hat keine Bananen?«

»Viele Leute.«

»Wer denn?«

»Die Leute in Afrika. Und in der Ostzone.«

»Aber ich denke, die kommen aus Afrika, die Bananen.«

»Nein, die kommen aus Bananien, und jetzt lass mich in Ruhe!«

»Onkel Josef, was ist Ostzone?«

»Ostzone ist ein Teil von Deutschland, aber nicht so richtig.«

»Wieso?«

»Da sitzt der Russe.«

»Nur einer?«

»Ja, und der hat auch keine Bananen und jetzt ist endgültig Schluss!«

Und wenn man dann immer noch nicht aufhörte zu fragen, fingen sie einfach an zu husten und man hatte keine Lust mehr.

Vonne Alleestraße weg

Ich komme in Bochum »vonne Alleestraße weg«. Mit der Betonung auf »weg«. Die Alleestraße ist eine Gegend, da sind nicht viele Bibliotheken. Auch der Bücherbus ist früher mit verhängten Scheiben einfach durchgerast.

Die Alleestraße ist eine vierspurige Hauptverkehrsstraße, die schnurgerade stadtauswärts führt. Da stand links ein Schild mit »50« drauf und rechts auch, sodass viele Autofahrer dachten: In der Mitte gilt dann wohl Tempo 100.

Aufgewachsen bin ich in der Nummer sechsunddreißig, wo heute das Wahlkreisbüro der Linkspartei ist. Früher hingen an den Bäumen entlang der Straße schon mal Plakate der KPD/ML oder der MLPD. Ein paar Meter weiter begannen die Hallen der Waffenschmiede des dritten Reiches, also von Krupp. Heute werden da die Radreifen für den ICE hergestellt.

Neben dem Haus ist heute ein riesiger Supermarkt. Früher war da ein großer Parkplatz, und wenn man den überquerte und dann noch durch eine Tür in einem Drahtzaun ging, kam man in einen Teil der Stadt, für den es bis heute zwei schöne Bezeichnungen gibt. In anderen Städten nennt man es »Rotlichtbezirk« oder »sündige Meile«, bei uns heißt das »Gurke« oder »Eierberg«.

Da war immer was los. Einmal ist schräg unter meinem Fenster, mitten auf den Straßenbahnschienen, jemand erstochen worden, wovon ich aber nichts mitbekam, immerhin geschah das nachts und ich war als Kind berühmt für meinen tiefen Schlaf.

Ein anderes Mal stand ich morgens, kurz bevor ich zur Schule musste, in unserem kleinen Badezimmer, als wildes Geschrei mich ans Fenster lockte. Auf dem Parkplatz nebenan sah ich einen Mann in einem zerknitterten Anzug Richtung Straße laufen, verfolgt von einem braungebrannten Typen mit strähnigen, blondierten Haaren, engen Jeans und freiem Oberkörper – obwohl es regnete. Der Braungebrannte erwischte den anderen kurz vor der Straße und vermöbelte ihn nach allen Regeln der Kunst. Ich fand, das sah aus wie im Fernsehen. Der Braungebrannte ging zurück, woher er gekommen war, die Arme ein wenig vom

Körper abgespreizt, der andere rappelte sich auf und schrie: »Ihr verdammten Zuhälter!«, was den Halbnackten aber nicht zu interessieren schien.

Bisweilen wurde ich auf der Straße nach dem Weg gefragt. Da hielt dann ein Auto am Bordstein, der Fahrer kurbelte das Fenster runter und sagte: »Ey, kannze mir sagen, wie ich auffen Eierberch komme?« Ich muss also bereits mit acht Jahren diese animalische Sexualität ausgestrahlt haben, die ich mir heute selber nachsage.

Waren die Leute freundlich, antwortete ich, sie möchten doch bitte hier auf den großen Parkplatz einbiegen, bis nach hinten durchfahren, den Wagen abstellen und durch die Tür im Zaun gehen. War das Wetter schön, wünschte ich auch noch »viel Spaß«. Waren die Leute nicht so nett, riet ich ihnen, noch hundert Meter weiter zu fahren, an der Ampel nach rechts in die Gussstahlstraße einzubiegen und dann dem Straßenverlauf wiederum nach rechts zu folgen. Da galt nämlich abends »Einfahrt verboten« und die Polizei stand nicht selten da und hat abkassiert.

Nicht so lustig war es, als ein Nachbarsjunge und ich einmal an einem sonnigen Nachmittag von fünf Männern angesprochen wurden, die der deutschen Sprache nicht mächtig waren. Sie zeigten uns ein Blatt Papier mit einem Loch in der Mitte, durch das sie immer wieder mit einem Kugelschreiber hindurchstießen. Dazu sagten sie die beiden einzigen deutschen Wörter, die sie kannten, nämlich »Scheide« und »Haus«. Das war uns dann doch ein bisschen unheimlich, und da wir mit unseren sieben oder acht Jahren nicht wussten, was wir darauf sagen sollten, gingen wir einfach weiter. Worauf die fünf Männer hinter uns herkamen und erst abdrehten, als wir in unseren Hausflur stolperten.

In nicht weniger als drei Wohnungen habe ich im Haus Nummer 36 an der Alleestraße gewohnt. Das Haus gehörte den Eltern einer Jugendfreundin meiner Mutter. Der Vater war Zahnarzt der alten Schule. Er trug einen fast bis auf die Knöchel reichenden Kittel mit einem Gürtel über dem Bauch und hatte weiße, streng zurückgekämmte Haare. Es gab eine Verbindungstür zwischen der Praxis und der Wohnung, was ich außerordentlich spannend fand. Die Frau des Zahnarztes kleidete sich fein und trug Broschen an der Bluse. Im Esszimmer standen Bücher wie »Dicke Lilli, gutes Kind« und »Der geschenkte Gaul« in einem weißen Bücherschrank. Neben der Tür fand sich ein Servierwagen mit einer großen Packung Lefax. Auf einer Anrichte stand eine kleine Etagere, die immer mit Gebäck bestückt war, vor allem mit Vanille-Kipferln. Schon komisch, an was man sich alles erinnert. Ich nannte die beiden Omma und Oppa, weil ich bei ihnen fast so viel Zeit verbrachte wie bei meinen richtigen Großeltern.

In diesem Haus bewohnten meine Eltern zunächst eine Zweieinhalb-Zimmer-Wohnung mit Kohleofen und fensterlosem Bad. Mein Kinderbett stand im Schlafzimmer, womit auch geklärt wäre, wieso ich ein Einzelkind geblieben bin.

Irgendwann wurde die Wohnung nebenan frei, und ich bekam ein eigenes Zimmer, eingerichtet im modischen Chic der Siebziger, mit einem schreiend gelben Plastikschreibtisch und einem Jugendbett mit braun-orangefarbenem Muster. Unter der Decke verkleidete Leuchtstoffröhren wie in einem Büro.

Im Wohnzimmer hatten sich meine Eltern für eine schwarz-weiße Tapete entschieden, von deren psychedelischem Muster man besoffen wurde, wenn man lange genug draufstarrte und den Oberkörper rhythmisch vor und zurück bewegte.

Als ich achtzehn wurde, bezog ich ein winziges Appartement unter dem Dach. Inklusive Kochgelegenheit und Bad kaum zwanzig Quadratmeter, aber es hatte einen eigenen Eingang und eine eigene Klingel: Freiheit, die ich meine.

Ich müsste lügen, wollte ich behaupten, dass ich diese Freiheit nicht zu dem einen oder anderen alkoholischen Exzess genutzt hätte. Dummerweise hat man im besoffenen Kopf ja immer so einen unsinnigen Hunger, weshalb ich mir eines Nachts in einem Anfall von Großmannssucht ein Fertiggericht von Käfer in den Ofen schob, dann aber vor dem laufenden Fernseher wegdämmerte. Sechs Stunden später wachte ich auf und fragte mich, welche Todesschwadron mich ausräuchern wollte.

Ein bisschen problematisch war es, wollte man hier Damenbesuch empfangen, mit dem man etwas mehr unternehmen wollte als das Betrachten von Briefmarkenalben. Da das Appartement über keine Diele verfügte, gingen alle Geräusche direkt auf den Hausflur, und man braucht schon eine ausgeprägte exhibitionistische Ader, wenn man unter diesen Bedingungen erotisch aktiv werden und dies auch noch mit den üblichen Lauten der Zufriedenheit äußern will. Noch Jahre später musste ich mir »mittendrin« anhören, wieso ich denn so lange die Luft anhalte.

Drei Jahre später zog ich dann endgültig aus, aber bisher habe ich an keiner Straße länger gewohnt als an der Allee-straße. Das Zahnarztehepaar lebt nicht mehr, und für das Wahlkreisbüro der Linkspartei kann ich nichts.

Rathauskind

Um die Mutter meines Vaters von der Mutter meiner Mut-ter zu unterscheiden, hieß die eine Omma Goosen und die andere Omma Rathaus. Die bewohnte nämlich zusam-men mit Oppa eine Dienstwohnung ebendort, von denen es seinerzeit insgesamt drei gab. Eine für den Hausmeister, im Parterre, da, wo heute, auf der hinteren Seite des Rat-hauses, der Eingang zum Bürgerbüro ist. Eine für den Elek-triker, im vierten Stock, mit Blick auf die Christuskirche. Und die für den Heizungsmonteur, gleich daneben. Der Heizungsmonteur war mein Oppa. Und ich war das Rat-hauskind.

Im riesigen Rathaus zu wohnen war nicht nur ein Aben-teuer, sondern bot einige handfeste Vorteile. Die Miete war lächerlich niedrig, Omma und Oppa konnten umsonst telefonieren und die Hälfte der Steckdosen lieferte Gratis-Strom. Wieso die Hälfte, daran kann sich meine Omma nicht mehr erinnern.

Meine Mutter hat hier ihre komplette Kindheit verbracht. Auch sie war ein Einzelkind, ausgestattet mit einem gewissen Maß an anarchischer Energie. Mal machte sie sich die Mühe, das seitliche, ausschließlich zur Wohnung meiner Großeltern führende Treppenhaus mit bunten Kreidefiguren zu verzieren, was eine ziemliche Arbeit war. Stundenlang hatte sie damit zu tun gehabt, und doch wurde es ihr nicht gedankt. Meine Omma hatte stunden-lang damit zu tun, das alles wieder wegzuwischen, lachte sich aber die ganze Zeit kaputt. Sie hatte einen Sinn fürs Anarchische, wenn sie ihn auch nie radikal ausgelebt hat, aber immerhin hat sie zum Beispiel beim Arbeitsdienst in Berlin als Straßenbahnschaffnerin absichtlich falsche Haltestellen angesagt, damit die Leute noch ein bisschen Bewegung kriegten. Mein Oppa hatte weniger Sinn für Anarchie und auch keinen für moderne Kunst, weshalb es von ihm für diese Malaktion, im Einklang mit den Erzie-hungsmethoden der Fünfzigerjahre, mit Schmackes hin-ter die Löffel gab.

Ein anderes Mal schlossen meine Mutter und ihre beste Freundin einen bei der Stadt angestellten Schreiner in sei-ner Werkstatt ein, schoben einen Wasserschlauch durch das Oberlicht und scheuchten den Mann durch den Raum, bis er sich in einem Schrank versteckte. Auch darüber war Oppa nicht amüsiert. Noch Jahrzehnte später verfinsterte sich sein Gesicht, wenn er davon erzählte: »Ich sach dir, da hatte der Arsch von deine Mutter Kirmes!«

Meine Lieblingsgeschichte ist die vom Zapfenstreich des Maiabendfestes. Das Maiabendfest ist alter Brauch in Bochum und geht auf eine historische Begebenheit zu-rück. Im vierzehnten Jahrhundert sollen die wilden Horden, die damals wie heute die Stadt Dortmund bewohnten, dem Grafen Engelbert von der Mark eine Herde Vieh gestohlen haben, worauf sich der Graf an die Bochumer Bürger wandte, ihm zu helfen. Ein Dutzend Bochumer Junggesellen zogen daraufhin los, vertrimmten die Dortmunder und gaben dem Grafen die Kühe zurück. Als Belohnung durften sie von nun an jedes Jahr am Vorabend des 1. Mai im gräflichen Wald eine ausgewachsene Eiche abholzen, die einem verdienten Bochumer Bürger übergeben wurde, der wiederum ein Schützengelage, eben das Maiabendfest, ausrichtete. Da es im Ruhrgebiet allgemein üblich ist, noch die nichtigste Kleinigkeit zu einem Gelage zu nutzen, und viele es immer feierwürdig finden, wenn Dortmunder vertrimmt werden, wird das heute noch an jedem letzten Samstag im April gefeiert, wenn auch in sehr viel kleinerem Rahmen.

In den Fünfzigern versammelte man sich am Freitagabend bei Fackelschein zum großen Zapfenstreich auf dem Bochumer Rathausplatz. Omma, Oppa und Mama verfolgten das Spektakel von einem Flurfenster im ersten Stock. Meine Mutter hatte sich ein Fenster allein gesichert, mit ein paar Metern Abstand zu ihren Erzeugern. Und gerade als es hieß »Hut ab zum Gebet«, leerte Muttern einen riesigen Sack Konfetti über den Häuptern der feierlich Innehaltenden aus. Den Sack hatte sie sich in der Stadtdruckerei besorgt, die seinerzeit praktischerweise im gleichen Stockwerk untergebracht war wie die Wohnung von Omma und Oppa. Der Wind trug die Papierschnipsel über den ganzen Platz, der Blick des Oberbürgermeisters ging erst zum Himmel und fand dann den meines Oppas, der erst langsam begriff. Meine Omma war etwas schneller gewesen und hatte schon angefangen sich kaputtzulachen. »Da wär ich gerne selber drauf gekommen!«, vertraute sie mir zwanzig Jahre später an.

Meine Mutter war noch mit Mitte vierzig stolz auf diese Aktion. »Aber ich konnte drei Tage nicht sitzen!«, gab sie zu Protokoll.

Es gab nichts, was Omma im Rathaus nicht besorgen konnte. Zum Beispiel einen Telefonhörer, mit dem ich so gerne spielte, dass man ihn mir sogar in den Kinderwagen legte. Als sich einmal bei einem Stadtspaziergang ein Bekannter über mich beugte und Heititei machte, war er nicht wenig verblüfft: »Dat gibbet doch nich! Dat Blach hat Telefon im Kinderwagen!«

Um ein Haar hätte ich im Bochumer Rathaus schon im Alter von achtzehn Monaten mein junges Leben ausgehaucht. Ende der Sechziger war es durchaus nicht unüblich, Kinder im Bett mit einem Gurtsystem zu fixieren, damit sie nicht herausfielen. Nun hatte mich meine Mutter eines Mittags im großelterlichen Schlafzimmer ins Kinderbett gelegt und dort festgemacht. Als sie kurz darauf mit Omma in der Küche saß und ich wie am Spieß zu schreien begann, hieß es erst: »Ach, der will nur nicht schlafen, der ist immer so unruhig!« Als das Geschrei jedoch nicht nachlassen wollte, wurde es meinem Oppa irgendwann zu bunt beziehungsweise zu laut. Er ging nachsehen und stellte fest, dass ich gerade dabei war, mich zu strangulieren, das Gesicht schon puterrot. Mein Oppa tat darauf hin zweierlei: Zum einen holte er aus der Küche ein Brotmesser und schnitt dieses Gurtsystem durch. Dann legte er in aller

Ruhe das Brotmesser zurück in die Besteckschublade, ging zu meiner Mutter und haute ihr zum letzten Mal in ihrem Leben eine runter.

Mittagsschlaf hielt ich schon immer für Zeitverschwendung, wurde aber lange Zeit dazu gezwungen, weshalb ich für diese gar nicht blaue Stunde nach Möglichkeiten suchte, mir die Zeit zu vertreiben. Und so kam es, dass ich, als ich mal wieder bei Omma und Oppa im Schlafzimmer nach dem Mittagessen ruhen sollte, dieser schönen, großen Dose Penatencreme ansichtig wurde, die auf Ommas Nachttisch stand. Als meine Mutter nach Ablauf der vorgeschriebenen Ruhezeit wieder ins Schlafzimmer kam, hatte ich das aus dunkler Eiche gezimmerte Ehebett flächendeckend mit Penatencreme verschönert und war dann, von der Arbeit ermattet, mit verschmierten Händen eingeschlafen. Omma lachte sich nicht nur kaputt, sondern war auch noch stolz darauf, was ihr Enkel zu leisten imstande war: »Das ist doch eine Heidenarbeit! Mit so kleine Hände! Der wird bestimmt mal Anstreicher!«

Als ich aus dem Kleinkindalter heraus war, übernachtete ich vor allem an den Wochenenden bei Omma und Oppa, weil meine Eltern gerade mal Mitte, Ende zwanzig waren und das taten, was ich später in diesem Alter auch tat: das Leben und die Liebe feiern. Am meisten interessierte ich mich für die Katakomben des Rathauses. Der Heizungskeller, das Revier meines Oppas, hatte es mir besonders angetan. Wir fuhren mit dem Lastenaufzug in den Keller, gingen durch zwei Türen, und dann konnte man durch ein Gitter in den mich als Knirps riesig anmutenden Heizungsraum mit den ebenfalls riesigen Kesseln blicken. So ungefähr musste es im Maschinenraum eines Raumschiffs aussehen, war ich mir sicher. Das Tollste aber war eine kleine Werkstatt, die in den riesigen Raum hineingebaut worden war, vier Wände, ein Dach, alles da. Ein Raum im Raum! Die Welt war voller Wunder!

In den bewegten Siebzigern waren die Bombendrohungen das Lustigste. Alle paar Monate rief irgendein Scherzbold oder auch ein Sympathisant der RAF bei der Polizei an und behauptete, im Bochumer Rathaus sei eine Bombe versteckt. Das geschah gern auch mitten in der Nacht, wenn die Sympathisanten sich für die Weltrevolution fit soffen und übermütig wurden. Dann stand plötzlich ein »Schutzmann« bei uns vor der Tür und wir wurden im Schlafanzug evakuiert. Das war noch spannender als der Raum im Raum.

Die Wohnung befand sich übrigens direkt neben dem alten Glockenturm des Rathauses, der Viertelstunden im Westminster-Schlag verkündete und zu jeder vollen Stunde ein Lied spielte. Bei der Tagesschau verpassten wir so immer die wichtigsten Nachrichten, weil wir Karl-Heinz Köpcke nicht verstehen konnten.

Als ich älter wurde, nutzte ich vor allem die handfesten Vorteile, die das Leben im Rathaus bot. Bis 1985, als meine Großeltern dort auszogen, musste ich kein Blatt Papier käuflich erwerben. Auch Schreibtische, Aktenschränke und Bürostühle wurden »organisiert«, eine Mentalität, die sich zum einen aus der harten Zeit nach dem Kriege speiste, zum anderen aus der Tatsache, dass die öffentliche Hand, verglichen mit heute, einfach ziemlich gut bei Kasse war.

Und als Omma dann auch noch Abteilungsleiterin der

Telefonvermittlung wurde, wurde es noch besser. 1982 ging meine erste große Liebe für ein Jahr in die USA, aber wer über so exzellente Verbindungen verfügte wie ich, der musste den Kontakt nicht abreißen lassen. Alle paar Wochen fand ich mich am Samstag oder Sonntag bei Omma ein und telefonierte eine halbe oder eine ganze Stunde mit Sugar Grove in Illinois. Nun wurden aber sämtliche Gespräche zentral registriert. In einem der Telefonvermittlung angegliederten Raum voller Schränke mit Relais und geheimnisvollen Schaltungen kam aus einem Gerät ein langer, breiter Streifen Papier, auf dem zu lesen war, welche Nebenstelle welche Nummer angerufen hatte und wie lange das Gespräch gedauert hatte. Jede Gebühreneinheit ergab eine Zeile. Hatte ich zu Ende gesäuselt, ging ich mit Omma rüber in die Vermittlung, und Omma schnitt einfach einen halben Meter Papier ab und tilgte so die Spur meines Tuns. Ihre offizielle Erklärung lautete: »Ich kann mir das auch nicht erklären, alle paar Wochen reißt da das Papier, weiß der Geier, wieso!«

Meine Omma war stets im ganzen Rathaus, bei allen Dienststellen sehr beliebt. Heute würde man sie als »Netzwerkerin« bezeichnen. Damals hieß es nur: »Ich kenne jeden, jeder kennt mich!« Und so nimmt es nicht wunder, dass Ommas Verabschiedung aus dem Dienst Anlass für ein regelrechtes Gelage war. Ohne ins Detail gehen zu wollen, möchte ich nur festhalten, dass, als ich mittags um halb zwei nach der Schule zur Feier stieß, um beim Bierzapfen zu helfen, das erste Fünfzigliterfass rausgerollt wurde. Leer. Dienstbeginn war um acht gewesen, und in fünfeinhalb Stunden schafft man schon mal ordentlich was weg.

Als das Bochumer Rathaus im Jahre 2006 sein 75-jähriges Jubiläum feierte, war meine Omma als Ehrengast geladen. Zusammen mit einem Fernsehteam suchten wir die Räume auf, in denen früher die Wohnung von Omma und Oppa untergebracht gewesen war. Ich kam mir vor wie in der Fernsehserie »Time Tunnel«. Zwar wirkten die Räume naturgemäß sehr viel kleiner als in meiner Erinnerung, auch waren Schlaf- und Wohnzimmer ein wenig umgestaltet und mit einem Durchbruch versehen worden, doch in der ehemaligen Küche lag tatsächlich noch der PVC-Belag, den Omma und Oppa dort Anfang der Siebziger hatten verlegen lassen. Ommas Kommentar: »Der is auch teuer genuch gewesen. Is klar, datt der sich hält!«

Geradezu gespenstisch aber war es, das Badezimmer zu betreten. Hier waren noch dieselben gelben Kacheln wie damals an der Wand, auf einigen noch immer die Prilblumen, die ich höchstselbst als Kind dort angebracht hatte! Im Toilettenbereich bogen sich Plastikfliesen aus den Fünfzigern von der Wand, auf der Holzverblendung der Rohre hinter der Kloschüssel klebte noch die Folie mit Blumenmuster, die Omma dort angebracht hatte. Neben der Tür der Garderobenhaken, an dem in der guten alten Zeit immer Oppas gestreifter Bademantel gehangen hatte. Aber komplett zerrissen hat mich der Anblick des Waschbeckens, über dem noch Oppas orangefarbener Rasiererhalter aus den Siebzigern hing. Nur die auf Füßen stehende Badewanne war herausgerissen und durch einen Kopierer ersetzt worden.

»Ich würd hier sofort wieder einziehn«, meinte Omma.
Ich auch.

Ostern

Zu Geburtstagen und hohen Feiertagen rottete sich auch meine Familie rituell zusammen. Ostern zum Beispiel war eine prima Sache, konnte aber definitiv nicht mit Weihnachten mithalten. Es gab zwar ähnlich viele Feiertage, aber die Ausbeute war eindeutig geringer. Außerdem musste Ostern immer ein Spaziergang gemacht werden, weil es tagsüber gefeiert wurde und außerdem in den Frühling fiel.

Ostersonntag wachte ich lange vor meinen Eltern auf und suchte die Wohnung nach Eiern ab, packte alle in ein mit grünem Kunstgras und einigen Schokoladeneiern gefülltes Nest und wartete auf Lebenszeichen aus dem elterlichen Schlafzimmer. Wenn mir das zu lange dauerte, lief ich laut schreiend durch die Betten. Mein Vater war spätestens dann wach, wenn ich dabei seine Magenoperationsnarbe traf. Dann saßen wir in der Küche und pellten und aßen die Eier. Zwei Stück pro Nase waren Pflicht. Wenn die Farbe durch die Schale ins Ei eingedrungen war, kam ich mir beim Hinunterwürgen vor wie ein Held.

Gegen Mittag machten wir uns auf den Weg zu Omma und Oppa, die damals noch im Rathaus wohnten. Der Weg war nicht lang, nach zehn Minuten waren wir da. Meine Omma bildhauerte in der Küche am Osteressen herum, meistens (wie auch zu Weihnachten) mit Speck und Zwiebeln gefüllte Rindsrouladen, von einem Bindfaden zusammengehalten, damit sie im Topf nicht auseinanderrollten.

Für jeden war eine da, plus einer zusätzlichen, die ich mir am Ende mit meiner Mutter teilte.

Während Omma in der Küche, über den Topf gebeugt, mit dem Handrücken den Schweiß von der Stirn wischte, auf dass er nicht die Soße versalze, hockte mein Oppa im Wohnzimmer vor dem Fernseher, sah sich einen Tierfilm an und arbeitete an der ersten Flasche Export. Irgendwann hatte mein Oppa eine Vorliebe für Tierfilme entwickelt. Hatte ich bei Spielfilmen oder Fußballübertragungen bisweilen das Gefühl, er sehe da gar nicht richtig hin, schien er bei Tierfilmen voll bei der Sache zu sein. Da nickte er oder schüttelte den Kopf. Einmal war da eine Szene, wo ein Gepard neben irgendeinem Vieh mit Hörnern herhetzte, ihm dann ins Genick sprang, es zu Boden drückte und mit beeindruckender Effizienz tötete. Diese Sequenz schien Oppa ganz besonders zu gefallen. Er verengte die Augen ein wenig, wie um besser sehen zu können, und dann stahl sich ein Grinsen in seine Mundwinkel. Er bemerkte, dass ich in der Tür stand, sah mich an und sagte nur: »Siehste!«

Ostersonntagmittag begrüßten die Erwachsenen einander mit »Frohe Ostern!«, und ich kroch unter Schränke, Betten und Vertikos und suchte Eier. Hatte ich alle gefunden, packte ich die in genauso ein Nest, wie ich es auch zu Hause hatte. Hier allerdings sah ich erst mal unter dem Gras nach, denn da lagen immer fünfzig Mark.

Am niedrigen Couchtisch wurde dann gegessen und alle beugten sich sehr weit über die Teller, um das Ostersonntagsoutfit nicht vollzukleckern. Das gelang auch allen, außer mir. Meine Mutter hat früh darauf verzichtet, mich zu Ostern in ein weißes Hemd zu stecken. Zu den Rouladen gab es Kartoffeln, Erbsen und Möhren und Kappsalat. Mein Vater aß mit sehr viel Soße, Oppa mit sehr wenig. Letzterer matschte sich das zusammen, bis es aussah wie Fensterkitt, nur nicht so grau. Dazu lief im Fernseher weiter der Tierfilm.

Nach dem Essen wurde es langweilig. Mutter und Omma verzogen sich in die Küche und machten die Frauenarbeit: abwaschen. Vater und Oppa blieben im Wohnzimmer und rauchten. Mein Vater versuchte, mit meinem Oppa das zu machen, was man heute als »Konversation« bezeichnen würde. Mein Oppa war jedoch diesseits der 1,0-Promille-Grenze ein eher schweigsamer Mann und außerdem sehr von den Tierfilmen gefesselt. Nach dem Abwasch kamen die Frauen dazu und rauchten auch. Ich machte mich über die Schokoladeneier her, wurde aber von meiner Mutter zurückgepfiffen, schließlich hätte ich doch gerade erst gegessen.

Nach dem Essen war der Osterspaziergang dran. Wir drehten eine Runde durch die Innenstadt, da das Rathaus nun mal mittendrin lag und niemand einsah, extra noch irgendwo hinzufahren. Nur Oppa blieb zu Hause. Er verließ nur ungern die Wohnung. Außerdem liefen in der Stadt keine Tierfilme. Meine Mutter und meine Omma blieben vor jedem Schaufenster stehen und begutachteten Jacken, Blusen und Mäntel. Meinem Vater ging das auf den Wecker, weshalb er immer ein paar Meter vorneweg ging und von Zeit zu Zeit schmollend wartete, dass die Frauen aufschlossen. Ich pendelte zwischen allen hin und her und versuchte, auf mich aufmerksam zu machen.

Zurück in der Wohnung von Omma und Oppa machte

auch mein Vater die erste Flasche Bier auf. Allerdings trank er Pilsener. Mutter und Omma rauchten und redeten. Ich machte mich heimlich über die Schokoladeneier her, bis mir schlecht war. Wenn es dunkel wurde, gingen wir nach Hause.

Am Ostermontag gingen wir noch mal rüber zum Reste-essen und fuhren dann mit dem Auto zum Kaffeetrinken zu meiner anderen Omma, die nicht mehr so gut zu Fuß war. Da gab es dann noch mal fünfzig Mark, aber keine Schokoladeneier, und die fünfzig Mark waren auch nicht unter dem Gras versteckt, sondern in einem Umschlag, zusammen mit einer Karte, auf der in silbernen oder goldenen Lettern gedruckt stand: »Ein frohes Osterfest« oder etwas Ähnliches, von meiner Omma in zittriger Schrift ergänzt durch: »… wünscht Dir Deine Oma.« Konsequent schrieb sie Oma nur mit einem »m«. Sie fragte, wie es bei Omma Rathaus gewesen sei, und ob wieder die ganze Zeit der Fernseher gelaufen sei. Ich erstattete wahrheitsgemäß Protokoll und meine Eltern drehten die Augen Richtung Decke. Mein Vater trank dann ein Bier, begleitet vom Kopfschütteln meiner Omma, die das nicht gut fand, gleichwohl aber immer mehrere Flaschen vorrätig hatte. Wir saßen unsere zwei Stunden ab und gingen wieder.

Am Abend saßen dann meine Eltern in ihrem eigenen Wohnzimmer und beklagten sich darüber, wie anstrengend Ostern mit der Familie doch sei. Und ich hockte in der Ecke und mümmelte noch ein paar Schokoladeneier.

Wenn Ali boxte

Wenn Ali boxte, war mein Vater hellwach. Mitten in der Nacht oder am frühen Morgen. Bei der ersten Mondlandung ist meine Mutter noch mit wach geblieben, aber wenn Ali boxte, schlief sie tief und fest. Mein Vater kochte sich selber Kaffee, gegen die Müdigkeit. Fünfzehn Runden gegen Foreman, fünfzehn gegen Frazier. Da lohnte sich das frühe Aufstehen, da wurde noch was geboten. A Rumble in the Jungle, Kinshasa war plötzlich nebenan und ein paar Stunden später hatten auf der Arbeit alle dicke Ringe unter den Augen, als hätten sie selber mitgeboxt. Beim Frühstück ließ ich mir von meinem Vater sagen, wer gewonnen hatte und wie der Kampf gewesen war, damit ich im Kindergarten oder in der Grundschule damit angeben konnte, damit ich so tun konnte, als hätte ich Ali selbst boxen sehen.

Mein Vater erklärte mir, Ali habe mal Cassius Clay geheißen, nenne sich jetzt aber Muhammad Ali, wegen der Religion. Das habe ich nicht verstanden, aber das war auch gar nicht nötig. Wenn ich meinen Kumpels das mit der Religion sagte, fragte schon damals keiner nach, weil er nicht zugeben wollte, dass er keine Ahnung hatte. Mein Freund Andy hat zwar als Erster geraucht, aber ich hatte als Erster Ali boxen sehen. Als ich es oft genug erzählt hatte, glaubte ich es selbst. Wer was auf sich hielt, sagte einfach nur »Ali«, ohne das Muhammad davor.

Meine Mutter hat immer nur den Kopf geschüttelt, wenn

mein Vater nachts aufstand, um Ali boxen zu sehen. »Was soll so toll daran sein, wenn zwei Männer sich den Schädel einschlagen?«, fragte sie meinen Vater, und mein Vater sagte: »Du als Frau verstehst das nicht!« So was durfte man damals noch sagen, ohne aus der Stadt gejagt zu werden.

Der Einzige, mit dem mein Vater darüber reden konnte – außer mit mir natürlich – war mein Oppa. Das war auch so ziemlich alles, worüber sie miteinander reden konnten. Beim Fußball hatten sie verschiedene Lieblingsvereine. Außerdem tranken sie unterschiedliche Biermarken. Nur bei Ali waren sie sich einig. Mein Oppa hatte zwar immer was gegen Ausländer, aber bei Schwarzen machte er Ausnahmen. Die hießen bei ihm nur »Schwatte«. Meine Omma hat mir mal erzählt, ein »Schwatter« habe meinem Oppa im Krieg mal das Leben gerettet, in Afrika, wo er eine Zeit lang unter Rommel lag. Seitdem waren »Schwatte« in Ordnung. Wenn in einem Krimi beispielsweise die Handlung in ein Stadium der Krise überging, und irgendwann war einmal ein Farbiger vorgekommen, sagte mein Oppa immer: »Warte mal ab! Der Schwatte macht das schon!« Und die Krise kam ja in den Film immer nur wegen der Frauen. Wenn am Anfang eines Krimis oder eines Westerns eine Frau durchs Bild ging, sagte mein Oppa schon »Ach du Scheiße. Hoffentlich kommt noch 'n Schwatter!« Der Schwatte musste ausbügeln, was die Frauen verknitterten. Und dummerweise behielt mein Oppa meistens recht. Kaum war zu Anfang eines Krimis eine Frau aufgetaucht, wurde auch schon jemand umgebracht.

Deshalb war mein Oppa auch immer für Ali. Joe Frazier und George Foreman waren zwar auch Schwatte, aber Ali war anders. Mein Vater sagte, Ali sei so elegant. Ein Groß-maul, aber das gehöre dazu, und in jedem Fall boxe er sehr elegant. Da nickte mein Oppa nur, und beide freuten sich, dass sie sich mal einig waren.

Nachdem Ali aufgehört hatte und man nur noch von ihm hörte, weil er Parkinson hatte, interessierten sich weder mein Vater noch mein Oppa weiter fürs Boxen. Mein Uroppa, der Vater meines Oppas, hatte auch Parkinson gehabt, und wahrscheinlich war das einfach zu nah dran. Das ging doch nicht, dass einer wie Ali die gleiche blöde Krankheit hatte, dass er genauso zitterte und sabberte wie mein Uroppa.

Ich habe meinen Oppa mal gefragt, wieso Ali so toll sei, und mein Oppa sagte: »Weil er der Größte ist!«, und das hörte sich an wie etwas, bei dem man nicht weiter nachfragt.

Ein einziges Mal nur bin ich morgens um vier aufgestanden, um mir einen Boxkampf anzusehen und herauszukriegen, wie das für meinen Vater gewesen sein muss. Es war der Kampf von Mike Tyson gegen einen der Spinks-Brüder, glaube ich jedenfalls. Mit Augenlidern dick wie Mandarinenschalen hockte ich vor dem Fernseher und hatte Mühe, wach zu bleiben. Der Kampf begann mit über anderthalb Stunden Verspätung. Und dann lief Spinks nach neunzig Sekunden in Tysons Faust und der Zauber war vorbei.

Wenn Ali boxte, war mein Vater hellwach. Wenn es heute auf die Glocke gibt, schlafe ich einfach weiter.

Abschied von der Bimbo-Box

Mein erster Schultag war der Tag, an dem ich mich von der Bimbo-Box lossagte.

Am Morgen hockte ich mit meiner Mutter und meiner Schultüte in einer sehr vollen Aula. Um uns herum lauter andere Kinder und lauter andere Mütter, keine Väter. Ein großer Mann stand auf und ging nach vorne. Er war breit und hatte auf dem Kopf kaum noch Haare, aber der Kranz, der sich um seine Glatze zog, war tiefschwarz. Der Mann fing an zu reden. Er sagte, er sei der Rektor der Schule und sein Name sei Kind. Großes Gelächter.

Ich sah mich um. Gleich neben mir saß ein ziemlich dicker Junge, der von seiner Mutter Rudi genannt wurde. Er war sehr dick. Seine Mutter trug alte, verblichene Sachen, und ihre Haare sahen aus, als würden Vögel drin wohnen.

Sie hatte nicht viel Freude an ihrem Sohn. Trotz seiner für sein Alter kaum fassbaren Leibesfülle zappelte er herum wie ein Hamster unter Starkstrom, rutschte auf dem Stuhl hin und her und beugte sich immer wieder nach vorne, um in die Schultüte zu greifen. Die Schokolade hatte man ihm offenbar ganz ohne Verpackung in die Tüte gestopft, damit mehr hineinpasste. Vielleicht sollte er ja bis Weihnachten gemästet werden, damit die ganze Familie richtig was zu schlemmen hatte. Immer wieder verschwanden seine kurzen, fetten Finger im Dunkel der Tüte und kamen große braune Stücke umklammernd wieder hervor. Rudis Gesicht bekam dann etwas sehr Ernsthaftes,

Konzentriertes, als sei der Drang, Schokolade zu vertilgen, eine heilige Mission. Es war seine Aufgabe, die deutsche Schokoladenindustrie vor dem Ruin zu retten. Er stopfte sich mehr von dem Zeug ins Maul als eigentlich möglich. Seine Backen blähten sich auf wie Ballons. Ich frage mich heute noch, wie er überhaupt zubeißen konnte, um die Brocken zu zerkleinern. Naja, vielleicht ließ er sie auch einfach im Mund schmelzen und schluckte sie dann hinunter wie sehr dicken Kakao. Seine Hände sahen aus, als habe er gerade ein stark verunreinigtes Klo gesäubert. »Als hätte er sich selbst in die Hand geschissen«, sagte meine Mutter, als sie es am Abend meinem Vater erzählte.

Zwei Reihen vor mir saß Micha, der Popelfresser. Der hätte zusammen mit dem fetten Rudi als Vorher/Nachher-Models für eine besonders erfolgreiche Diät posieren können. Micha war dünn wie ein Streichholz und blass wie der Mond. Das Erste, was ich von ihm sah, war sein enorm langer, enorm dünner Zeigefinger, der immer wieder in eines seiner Nasenlöcher kroch, etwas Grünfeuchtes herausholte und zwischen den Lippen verschwinden ließ. Auch er war mit einem fast heiligen Ernst bei der Sache. Er ging wahrscheinlich nicht zur Schule, um irgendwann Abitur zu machen, sondern um ungestört von seiner Mutter (die ihm immer wieder den Finger aus der Nase schlug) seine Nasenschleimhäute abzukratzen. Mir wurde schlecht. Ich hatte keine Lust mehr auf Schule.

Der Rektor begrüßte uns, stellte dann die beiden Klassenlehrerinnen vor und teilte je zwanzig oder dreißig Kinder einer Lehrerin zu. Meine war groß und dünn, hatte lange braune Haare und trug eine weiße Rüschenbluse und einen langen blauen Rock. Meine Klasse war die »1a« und ich fand, damit war alles gesagt.

Um den großen Tag angemessen zu dokumentieren, gingen meine Mutter und ich später am Tag ins Kaufhaus Kortum, wo ich in allen möglichen Posen fotografiert wurde. Danach gingen wir automatisch in die Spielwarenabteilung, wie wir es immer taten, wenn wir bei Kortum waren. Meine Mutter drückte mir zehn Pfennig in die Hand, damit ich sie in die »Bimbo-Box« warf, eine Art Jukebox für Kinder, in der keine Platten liefen, sondern eine offensichtlich kokainsüchtige, in bunten Klamotten gewandete Affenband mit irrem Blick unter staubigen Stoffpalmen auf diverse Instrumente einhämmerte, als gäb's kein Morgen. Ich hob schon die Hand, um das Geldstück in den Schlitz zu schieben, hielt dann aber inne, sah meine Mutter an und schüttelte den Kopf. »Nein, Mama. Ich muss jetzt mit Jungs zur Schule gehen, die sich nur von Schokolade und Popeln ernähren. Ich glaube nicht mehr an die Bimbo-Box.«

Meine Mutter lachte, und wir gingen Eis essen. Kurz danach wurde ich erwachsen.

Steh auf, du Mädchen!

Mücke war nicht gerade der geborene Frauenversteher. Sein großer Bruder, der auf der Hauptschule den liebevollen Beinamen »Schläger« hatte, redete über die Mädchen, mit denen er bisweilen Unaussprechliches trieb, in den üblichen Parametern maskuliner Dominanz, und auch Mücke fiel gegenüber der minderjährigen Weiblichkeit in unserem Umfeld selten etwas Freundlicheres ein, als ihr in der Schule nasse Schwämme ins Gesicht zu schleudern. Für Mücke waren bestimmte Dinge Naturgesetz. »Was glaubst du wohl«, käute er gern wieder, was sein Bruder irgendwo aufgeschnappt hatte, »wieso Frauen im Sport immer hinterherlaufen? Weil sie früher in der Höhle gehockt und aufs Feuer aufgepasst haben, während wir draußen Mammuts plattgemacht haben!«

»DU hast Mammuts plattgemacht?« Wenn Mücke neben seiner dreckigen Hose stand, konnte er kaum über die Gürtelschnalle gucken.

»Nicht persönlich! Aber meine Vorfahren, du Idi! Das steckt noch in den Genen!«

Wieso Mädchen und Frauen aber immer wieder eine dicke Lippe riskierten, wollte Mücke nicht in den Kopf. »Mein Bruder sagt, man kann sie einfach nicht verstehen, die Weiber. Und da hat er recht!«

Komplett mädchenfreie Zone war damals der Fußball. Mädchen duldeten wir höchstens als Zuschauerinnen, vor denen wir unsere kleinen Verletzungen maßlos übertrieben, um ihnen dann heldenhaft zu trotzen. In der Sportschau wurde damals am Samstagabend zwar nur von drei Spielen berichtet, aber die studierten wir ganz genau, nicht nur, was die Tore anging, sondern auch das korrekte Verhalten bei Fouls.

An einem sonnigen Nachmittag Mitte der Siebzigerjahre trat Mückes Verhältnis zu Mädchen in eine neue Phase ein.

Wir pöhlten auf der Wiese vor der Schule am Springer-platz. Spüli, Pommes, Mücke und ich sowie zwei Jungs aus der Gegend, Michael und Rüdiger, Jungs, mit denen wir so wenig zu tun hatten, dass wir nicht mal Spitznamen für sie hatten. Plötzlich tauchte ein Mädchen mit einem Hund auf und sah uns zu. Der Köter war aus mehreren Rassen zu-sammengesetzt und hörte auf den bescheuerten Namen »Lord«. Ein paarmal verschwand er in einem nahen Ge-büsch, und das Mädchen brüllte ihm ein »Lord, komm hierhin!« hinterher. Ansonsten hatte sie rote Haare und sah wohl nicht schlecht aus, aber es sollte noch ein, zwei Jahre dauern, bis uns das richtig interessierte.

Dass wir alle dennoch etwas mehr Körperspannung auf-bauten, ist jedoch unstrittig. Die Diskussionen wurden hit-ziger, die Posen deutlicher ausgespielt. Da fiel man schon mal auf die Knie und vergrub das Gesicht in den Händen, wenn man freistehend vor dem Tor vergeben hatte, nach dem Motto: Normalerweise mache ich den rein! Bei tat-sächlichen oder eingebildeten Fouls rollten wir ein biss-chen auf dem Boden hin und her, fassten uns an den Knö-chel, rappelten uns wieder auf, prüften die Standfestigkeit des lädierten Knochens – und stürzten uns mit dem Mute des echten Kämpfers wieder ins Geschehen. Von Mücke kriegten wir dann schon mal ein »Steh auf, du Mädchen!« reingedrückt. Na gut, er konnte sich das leisten, er hatte keine schlechte Ballbehandlung und war ein echter Drib-belprinz, auch wenn er den Ball nur ungern hergab, was die ganze Sache für seine Mannschaftskollegen bisweilen etwas langweilig machte. Unangenehm wurde es, wenn er den Torwart ausspielte, den Ball auf der Linie ablegte und sich auf die Knie fallen ließ, um ihn mit dem Kopf reinzu-schieben. Warum nur gewinnen, wenn man auch demüti-gen kann!

Dann wurde Michael von seiner Mutter aus dem Spiel genommen, sodass wir nur noch zu fünft waren. Was jetzt? Pommes warf dem Mädchen am Spielfeldrand einen Blick zu, und Mücke raunte: »Denk nicht mal dran!«

»Wieso?«, gab Pommes zurück. »Ist zwar ein Mädchen, aber besser, als in Unterzahl zu spielen.«

»Hast du ne Ahnung!«, höhnte Mücke. »Die bricht sich doch die Beine! Ich spiele in der Zweier-Mannschaft, und dann ist es immer noch ungerecht.«

Wir anderen sahen das nicht so, also ging Pommes zu dem Mädchen hin und fragte, ob sie mitspielen wolle. Das Mädchen überlegte einen Moment und sagte dann: »Klar, wieso nicht! Lord, du bleibst hier sitzen!«

Da Mücke nicht dazu zu bewegen war, mit einem Mäd-chen in der Mannschaft zu spielen, gesellte sie sich zu Pommes und mir. Ich stand im Tor und sah gleich darauf Mücke, der natürlich auf dem Anstoß bestanden hatte, mit dem Ball am Fuß auf mich zukommen, warf mich ihm in Todesverachtung vor die Füße und versuchte, ihm den Ball vom Spann zu fischen, griff ins Leere und kriegte noch Mückes Stollenschuh an den Schädel. Mücke schob lässig ein und drehte jubelnd ab. Von der Defensivleistung mei-ner neuen Mitspielerin war ich nicht gerade angetan. Von Pommes erwartete ich sowieso nicht viel.

Pommes und das rothaarige Mädchen gingen zum An-stoßpunkt, das Mädchen spielte den Ball zu Pommes, der versuchte, sich gegen Spüli durchzutanken, blieb aber hängen. Spüli passte zu Mücke, und ich hatte wieder nichts zu halten.

»Nee, muss man sagen«, meinte Mücke, »ist ne echte Verstärkung, die Lady!«

Wieder gingen das Mädchen und Pommes zum Anstoßpunkt, diesmal aber spielten sie es umgekehrt: Pommes tippte den Ball an, das Mädchen spitzelte die Kugel Spüli durch die Beine und zog dann gleich ab. Rüdiger konnte nicht ausweichen und kriegte den Ball mitten ins Gesicht. Heulend wälzte er sich auf dem Boden.

»Steh auf, du Mädchen!«, rief Mücke. »Aber gute Parade!«

Mücke schnappte sich den Ball und setzte zu einem seiner berüchtigten Sololäufe an, und eines musste man ihm lassen: Er war ziemlich schnell. Das Mädchen machte sich gar nicht die Mühe, ihm zu folgen, und Pommes war kein gleichwertiger Gegner.

Ich jedoch war fest entschlossen, nicht auch noch das dritte Gegentor hinzunehmen, ohne ein einziges Mal am Ball gewesen zu sein. Diesmal blieb ich länger stehen, und als Mücke mir den Ball durch die Beine spielen wollte, kriegte ich sie schnell genug zusammen. Der Ball prallte von mir ab zu Pommes, der ihn zu dem Mädchen stocherte. Spüli griff an, den ließ sie aber mit einer gekonnten Körpertäuschung einfach stehen und lief auf das gegnerische Tor zu, wo Rüdiger mit gerötetem Gesicht auf sein Schicksal wartete. Doch statt einfach draufzuhalten und zu hoffen, dass Rüdiger, nach dem schmerzhaften Erlebnis von vorhin, kneifen würde, trat sie auf den Ball und drehte sich um. Spüli war hinter ihr hergehastet, Pommes lief sich frei. Spüli griff sie von hinten an, doch mit einer eleganten

Bewegung ließ sie ihn ins Leere laufen und wartete auf Mücke, ja, sie lief ihm sogar mit dem Ball am Fuß entgegen, weg vom gegnerischen Tor, tunnelte ihn, lief um ihn herum, nahm den Ball wieder auf, drehte sich wieder um, täuschte links an und ging rechts vorbei wie Libuda. Mücke versuchte, sie abzugrätschen, aber da war sie schon längst weg, machte Spüli noch mal nass, stand vor dem Torwart, täuschte einen Schuss an, stieg jedoch über den Ball und haute das Ding hinter ihrer linken Ferse mit dem rechten Fuß ins Tor.

Nicht zu unrecht wertete Mücke dieses Manöver als Kampfansage. Wutentbrannt holte er den Ball aus dem Gebüsch, und es war klar, dass Pommes, Spüli, Rüdiger und ich jetzt Pause hatten. Das hier war eine Sache zwischen Mücke und dem rothaarigen Mädchen.

Wieder setzte er zu einem seiner Flügelläufe an, diesmal aber heftete sich das Mädchen an seine Fersen, und als er sich den Ball nur ein bisschen zu weit vorlegte, trat sie auf das Leder und nahm ihm das Teil vom Fuß. Mücke lief noch ein oder zwei Meter weiter, aber bevor er richtig begriffen hatte, was passiert war, hatte die Rothaarige schon den Ausgleich erzielt, diesmal mit einem humorlosen Spannstoß ins linke untere Eck. (Da die Pfosten aus abgebrochenen Zweigen bestanden, gab es übrigens keine oberen Ecken, was Weitschüsse in den Winkel unmöglich machte.)

»Okay, die nächste Bude entscheidet«, knurrte Mücke unvorsichtigerweise und startete seinen nächsten Angriff über den anderen Flügel. Tatsächlich gelang es ihm diesmal besser, das Spielgerät abzuschirmen, ja, er nahm sei-

ner Gegenspielerin sogar ein oder zwei Meter ab und tauchte bedrohlich schnaufend vor meinem Tor auf. In seinen
Augen war zu sehen, dass er mich, bei aller Freundschaft,
mit dem Ball bis zur Straße pöhlen würde. Ich kann mir
nicht vorstellen, dass er die entscheidende Sekunde zö-
gerte, um mich nicht zu verletzen, aber diese eine Sekunde
reichte dem Mädchen, um mit Mücke gleichzuziehen und
ihn dann seitlich sauber abzugrätschen. Sie traf den Ball,
spielte also nicht foul, aber sie traf auch Mückes Beine, und
ich weiß nicht, was ihr mehr Spaß machte. Mücke jedenfalls blieb liegen und schrie unflätige Schimpfwörter, doch
das Mädchen hatte schon Spüli überlaufen, der dann einfach stehen blieb, weil es eh keinen Sinn hatte, und als sie
vor dem Torwart stand, sagte sie nur: »Geh weg!«

Rüdiger trat zur Seite, das Mädchen legte den Ball genau
auf die Linie, ging dann in die Hocke und schob ihn mit
dem Hinterteil ins Tor. Dann holte sie Speichel tief aus
ihrem Inneren hervor, rotzte auf den Boden und kam zu
Mücke, der sich immer noch den Knöchel hielt. Sie baute
sich neben ihm auf und sagte: »Steh auf, du Mädchen!«
Dann ging sie zur Straße, rief noch »Lord, komm hierhin!«
und verschwand hinter der nächsten Ecke. Wir sahen sie
nie wieder und erfuhren nie ihren Namen.

Man kann nicht sagen, dass Mücke von diesem Tage an
Mädchen wirklich verstand, aber er begegnete ihnen doch
mit ein bisschen mehr Respekt.

Fast berühmt

Spüli, Pommes, Mücke und ich wären fast berühmt geworden, aber irgendwie ging die Sache den Bach runter, bevor wir richtig loslegen konnten.

Es war eine Schnapsidee, aber wir waren vier, und das war nun mal die magische Zahl, meinte jedenfalls Mücke.

»Ich kann ja nicht mal Noten lesen«, sagte Pommes.

»Bist du bescheuert?«, fuhr Mücke ihn an. »Glaubst du vielleicht, John Lennon konnte Noten lesen? Es geht hier um Rock'n'Roll, nicht das scheiß Sonntagskonzert.«

Es war 1983, alles zuckte im Takt der abebbenden Neuen Deutschen Welle. Im Frühling war Major Tom durch die Wolken gebrochen, und der Hasenzahn aus Hagen hatte 99 Luftballons steigen lassen. Robin Gibb wimmerte um Juliet, und man wippte den Sunshine Reggae.

Mücke hatte uns im Aufenthaltsraum des Jugendzentrums zusammengerufen und verkündet, wir würden jetzt eine Rockband gründen. Wir seien vier, und das sei die magische Zahl. Die Beatles, The Who, Led Zeppelin, Queen. Die Welt warte auf uns und wir würden mehr Weiber abkriegen, als wir ertragen könnten. Das hörte sich nicht schlecht an. Wir waren noch an keiner Frau richtig dran gewesen, meinten aber, eine ganze Menge ertragen zu können. Spüli war zwar dabei, in dieser Hinsicht aufs andere Ufer zuzurudern, aber das war gewissermaßen noch nicht offiziell.

»Außerdem«, meinte Mücke, »wollt ihr doch bestimmt

mal irgendwann raus aus dem ganzen Scheiß hier, oder?«

Spüli, Pommes und ich sahen uns an. Wir wussten nicht genau, was er meinte. Unsere Väter verprügelten unsere Mütter nicht, alle hatten Arbeit, und das mit dem Taschengeld war auch okay.

»Ey, die Gegend hier ist doch auf dem absteigenden Ast! Keine Kohle ohne Kohle! Oder glaubt ihr, das wird hier mal so ne Art Kulturhauptstadt? Vergesst es! Wenn aus uns was werden soll, müssen wir weg hier, und zwar schnell. Das geht nur über harte Arbeit, großen Sport oder tobende Rockmusik! Harte Arbeit? Vergiss es, ich hab gesehen, was das aus meinem Alten gemacht hat. Großer Sport? Zu viele Idioten. Also bleibt nur Rockmusik.«

Na gut, das hörte sich einigermaßen logisch an. Mit Arbeit hatte ich es nicht so und Sport war was fürs Fernsehen.

Aber so richtig leicht würde das mit der großen Karriere auch nicht werden, das wurde uns schnell klar. Dass wir keine Noten lesen konnten, mochte noch angehen, dass wir keine Instrumente spielen konnten, würde sicherlich das größere Problem darstellen.

»Du hast doch ne Gitarre«, sagte Mücke zu mir, »also was meckerst du?«

Ich erlaubte mir anzumerken, dass eine Gitarre noch keine ganze Band ersetze.

Mücke ließ das nicht gelten. »Ey, hast du mal gehört, was Brian May auf der Gitarre macht? Da kannst du aber jedes Sinfonie-Orchester in die Tonne kloppen!«

»Ich dachte«, gab ich zurück, »du kannst Queen nicht ausstehen.«

»Ich kann die Schwuchtel am Mikro nicht leiden. Der Langhaarige an der Gitarre ist klasse.«

»Schwuchtel?«, schaltete sich Spüli ein, »Freddie Mercury ist doch nicht schwul!«

Mücke sah ihn mitleidig an. »Wach auf, Cinderella, wir sind nicht mehr im Märchenland.«

Im Folgenden setzte uns Mücke auseinander, worauf es wirklich ankam, wenn man eine Band gründen wollte. Das mit den Instrumenten und der Musik, das werde sich finden. Ein Bekannter seines Bruders habe schon in Aussicht gestellt, demnächst ganz günstig an eine komplette Ausrüstung zu kommen. Wahrscheinlich der gleiche, der erst letztes Jahr aus dem Knast gekommen war, nachdem sein schwunghafter Handel mit geklauten Autos ihn dorthin gebracht hatte.

»Wir sind minderjährig«, sagte Mücke, »und geschenkten Pferden guckt man nicht auf die Hufe.«

»Geht das Sprichwort nicht ganz anders?«, fragte Pommes.

»Du spielst Bass!«, sagte Mücke. »Da muss man nix können, den hört man eh kaum. Bisschen zupfen und die Sache läuft. Und zupfen, das hast du doch drauf, du kleine Sau! Spüli spielt Schlagzeug.«

»Wieso?«

»Weil unser Brian May hier« – er zeigte auf mich – »Gitarre spielt.«

»Und was machst du?«

Mücke starrte Spüli völlig verständnislos an. »Ich singe natürlich.«

»Warum ausgerechnet du?«

»Weil ich die Idee mit der Band hatte. Und weil von euch keiner in der Lage wäre, diese enormen Massen an Weibern zu verarbeiten, die auf so einen Sänger zukommen. Sorry, aber das ist nur was für die großen Jungs.«

»Du bist doch kaum eins siebzig!«, meckerte Spüli.

»Aber meine Eichel hängt mir knapp überm Knie. Wenn ich nackt mit nem Ständer auf der Straße liege, kleben die Leute Plakate dran, weil sie denken, das is ne Litfaßsäule! Ich singe, und damit gut. Aber das ist auch nicht das Entscheidende.«

»Sondern?«

»Das Entscheidende ist das Benehmen. Unser Auftreten. Unser Image. Es ist absolut wichtig, dass wir uns von jetzt an wie Rockmusiker benehmen, wenn wir schon keine Instrumente haben. Zuerst lassen wir uns die Haare wachsen. Also so richtige Matten, bis runter auf den Rücken.«

Spüli verzog das Gesicht. Er hatte sich in den letzten Wochen durchaus die Haare wachsen lassen, aber nicht überall. Hinten waren sie nach wie vor stoppelkurz, vorne jedoch wucherten sie aus wie ein gerupftes Vogelnest. Er sah aus, als könnte er gleich bei Duran Duran einsteigen.

»Als Nächstes«, fuhr Mücke fort, »ist es enorm wichtig, was wir über uns erzählen. Wo wir herkommen und was wir bisher gemacht haben und der ganze Scheiß. Da müssen wir uns ordentliche Geschichten zurechtlegen. Die müssen uns in Fleisch und Blut übergehen. Wenn wir berühmt werden, müssen wir selbst daran glauben. Also ich selbst brauche ja nichts zu erfinden. Mein Vater säuft, meine Mutter fickt mit dem Filialleiter vom Edeka, mein Bruder ist ein krimineller Schläger, und mich haben sie schon im Kindergarten fertiggemacht, weil ich so klein war. Astreine Rock'n'Roll-Biografie. Was ist mit euch? Was habt ihr zu bieten? Habt ihr schon früh Talent gezeigt oder so was?«

Ich überlegte. »Ich habe mit drei Jahren im Speisesaal eines Hotels in Bad Godesberg Kinderlieder gesungen und bin dann an den Tischen vorbeigegangen, um Geld einzusammeln.«

Mücke nickte. »Brian May kümmert sich also um unsere Gagen, so lange wir keinen Manager haben. Wie sieht es mit Drogen aus?«

»Ich hab mal Tee geraucht!«, rief Pommes stolz.

Mücke senkte den Blick und schüttelte den Kopf. »Mann, Pommes, es geht hier um Exzesse, nicht darum, dass man sich ein bisschen Wildkirsch in den Tabak reibt, weil man für einen echten Joint keine Traute hat. Also Spüli und ich rauchen, das ist schon mal was. Das würde ich euch anderen beiden auch raten. Aber ich sag euch gleich: Richtig rumsaufen, Sachen durch die Gegend schmeißen und aus dem Fenster pinkeln, drunter geht's nicht. Über kurz oder lang müssen wir auch an harte Drogen ran, um den Tourstress durchzustehen, das mit dem permanenten Vögeln auf die Reihe zu kriegen und natürlich um überhaupt kreativ sein zu können. Außerdem ist das mit den Drogen noch immer die beste Möglichkeit, unsere Ablehnung der bestehenden gesellschaftlichen Verhältnisse zum Ausdruck zu bringen.«

»Du lehnst die bestehenden gesellschaftlichen Verhältnisse ab?«, sagte Spüli.

»Ob ich das wirklich tue oder nicht, spielt keine Rolle.

Aber kennst du eine Rockband, die die bestehenden Verhältnisse gut findet?«

Langsam dämmerte mir, dass Mückes Vorstellungen über eine Rockband etwas antiquiert waren.

»Was ist mit prominenten Freunden?«, wollte er jetzt wissen. »Ist einer von euch vielleicht mal, keine Ahnung, Udo Lindenberg über den Weg gelaufen?«

Wir dachten nach.

»Ich war mal mit meinen Großeltern in Österreich im Urlaub«, sagte ich, »und da hat meine Omma mich gezwungen, mir ein Autogramm von Toni Innauer zu holen.«

Mücke war enttäuscht. »Dem Skispringer? Geht's noch ein bisschen spießiger? Vielleicht Hans Rosenthal?«

»Kulenkampff«, sagte Pommes.

»Nee, lass mal«, sagte Mücke, »Kulenkampff ist okay. Mein Vater sagt, der legt nach jeder Show seine Assistentin flach. Also in puncto frühe Einflüsse müssen wir noch was drehen. Mein Bruder hat mal Gunter Gabriel kennengelernt, da kann man was draus machen. Und jetzt das Wichtigste: Frauen. Ihr müsst euch ganz genau überlegen, was da bisher gelaufen ist und was die über euch erzählen können. So Geschichten wie im Sommer mit der Blaschke dürfen nicht noch mal passieren. Ich hoffe, die Alte kann den Mund halten.«

Pommes wurde erst blass und dann rot. Im Sommer war er auf einer Party im Jugendzentrum Martina Blaschke sehr nahe gekommen. Sie hatte sich an die Beule in seiner Hose gedrückt, als kriegte sie Geld dafür, hatte ihn mit in ein leeres Büro genommen und sich zumindest teilweise für ihn entkleidet. Pommes allerdings war von der Situation derart überfordert gewesen, dass er beim Anblick ihrer Brüste in Tränen ausgebrochen war. Dummerweise hatte er uns davon erzählt.

»Ihr seht also«, sagte Mücke, »da ist noch eine ganze Menge Arbeit zu leisten, bevor wir überhaupt daran denken können, Instrumente in die Hand zu nehmen. Zunächst mal müssen unsere Storys stimmen. Also vor allem eure. Meine ist ja jetzt schon quasi wasserdicht.«

Eine Woche später wurde Pommes auf der Toilette mit Haschisch erwischt. Er musste kotzen, weil er versucht hatte, das Zeug zu schnupfen. Mücke bat seinen Bruder, uns ein bisschen Koks zu besorgen, aber der lachte nur und sagte, wir sollten mal schön bei Mottenkugeln und Malzbier bleiben. Spüli kaufte einem Cousin eine alte Wandergitarre ab, und bei einem Folkabend in der Schule spielten wir beide zusammen ein paar Stücke von Simon and Garfunkel, James Taylor und Joni Mitchell, was zuerst als erfrischend anachronistisch empfunden wurde, dann aber unangenehm endete, was aber eine andere Geschichte ist.

Nach ein paar Wochen blies Mücke das Projekt Rockband für uns endgültig ab.

»Was soll ich mit euch machen!«, rief er. »Euch geht's einfach zu gut! Ihr habt noch nichts erlebt. Ihr seid einfach keine Meldung, Jungs. Ich sag euch, in paar Jahren läuft das ganz anders. Da treten hundert Typen im Fernsehen gegeneinander an, und am Ende gewinnen die mit den dümmsten Fressen und werden von einem bescheuerten Produzenten zur Band gemacht, weil sie die richtigen Storys auf Lager haben!«

Wenn Mücke aufdrehte, dann erzählte er einen unglaublichen Schwachsinn.

Ich habe dann noch ein paarmal versucht, meiner Rock'n'Roll-Biografie auf die Sprünge zu helfen. Einmal trank ich zehn Ouzo in drei Minuten und pinkelte dann an eine Kirche. Ich griff versehentlich der Mutter eines Mädchens aus meiner Stufe an die Brust und fuhr betrunken Auto ohne Führerschein. Aber das hat auch nichts gebracht.

Pokerface

Die Leute in unserer Gegend gelten zu Recht als sehr vorlaut. Ein Paradebeispiel war immer mein alter Jugendfreund Mücke. Gerade in Angelegenheiten der Geschlechterbeziehungen führte er immer eine große Klappe.

Bisweilen aber kollidierte seine große Klappe mit der bösen Realität.

Es war in der Nacht vom sechzehnten auf den siebzehnten Oktober 1982, und wir verfolgten in der Schrebergarten-Laube von Thomas Knolls Eltern die WDR-Rocknacht. Die Laube war ziemlich groß, bewacht von sauber gezogenen Beeten mit allerlei Grünzeug, das man sogar essen konnte. Naja, abzüglich der Sachen, über die sich Spüli kurz vor Mitternacht übergeben hatte, weil der Mariacron, den wir im Küchenschrank gefunden hatten, doch nicht sein Freund geworden war. Schrebergärten sind ja bekanntlich auf Heimaterde, Schweiß und Alkohol aufgebaut.

Little Steven and the Disciples of Soul hatten wir durch, und nach Gianna Nanini waren die meisten gegangen. Es blieben nur noch Thomas Knoll, Matze Danner, Mücke, ich selbst und Carola Rösler, das schönste Mädchen der Schule, übrig. Thomas und Matze hielten sich noch ganz gut, Mücke aber hatte schwer Schlagseite und sich bereits mit einigen Aktionen unbeliebt gemacht. Unter anderem war er aufs Dach geklettert und hatte auf das Wellblechdach der Nachbarlaube gepinkelt, wo ein mit den Knolls befreundetes Ehepaar gerade etwas machte, das sich schwer nach Tierversuchen anhörte. Nackig war der Mann nach draußen gekommen und hatte Mücke gedroht, ihn auf der Stelle totzuschlagen. »Womit denn?«, hatte Mücke gegrölt, »mit dem Bleistiftstummel da?«

Thomas Knoll hatte den Nachbarn mit einer Flasche Aufgesetztem aus den Beständen von Knoll senior beruhigen müssen.

Ich war müde und wollte nach Hause, zumal mich Kid Creole and the Coconuts nicht die Bohne interessierten, aber plötzlich kam Mücke zu mir und meinte: »Ey, Alter, du kannst noch nicht gehen. Wir spielen jetzt ne Runde Strip-Poker. Da hab ich die Rösler in zehn Minuten nackig, und dann nehm ich sie mit nach draußen und zieh die rückwärts durch die Rabatten, ich schwör's dir! Kannst die Zeit nehmen!«

Seit der Klassenfahrt nach Carolinensiel Anfang Oktober war ich mit Nicole zusammen, aber Carola Rösler nackt oder wenigstens in Unterwäsche zu sehen, war eindeutig ein Ziel, aufs Innigste zu wünschen.

Normalerweise stand in der Laube ein kneipenähnliches Ensemble aus Eckbank und schwerem Eichentisch mit gusseisernem »Stammtisch«-Aschenbecher. Heute lagen hier überall Matratzen herum. Ich hockte mich in eine Ecke und nuckelte am für mich letzten Bier der Nacht.

Thomas Knoll hielt die Bank, teilte die Karten aus und malmte Kaugummi. Matze Danner trank Rotwein aus der Korbflasche, Carola hielt sich an Bier. Alle drei sahen sehr ernst und konzentriert aus.

Was man von Mücke nicht behaupten konnte. Showsäufer, der er war, hatte er eine Flasche Wodka neben sich, in der ein langer Strohhalm steckte. Ich schätzte ihn auf mindestens anderthalb Promille. Das sprichwörtliche Pokerface wollte ihm nicht gelingen. Wenn er seine Karten aufnahm, hob er die Augenbrauen, schüttelte den Kopf, grinste breit oder knurrte »Scheiße«. Das machte ihn einigermaßen berechenbar. Zwischendurch warf er Carola Blicke zu und leckte sich die Lippen. Als Antwort streckte sie nur kurz ihren Oberkörper, sodass deutlich hervortrat, was nicht nur Mücke so sehnlich zu sehen wünschte. Allein, sein Spiel war nicht dazu angetan, ihn diesem Ziel näher zu bringen.

Als Kid Creole *Annie I'm not your daddy* jodelte, hatten Thomas Knoll und Matze Danner gerade mal je einen Schuh ablegen müssen, während Mücke schon im Unterhemd dasaß. Carola hatte noch kein einziges Spiel verloren.

Zu *Don't take my Coconuts* musste Mücke seine labbrige braune Cordhose ausziehen. Auf seiner weißen Unterhose stand in blauer Schrift *Mittwoch*, obwohl heute Samstag, beziehungsweise schon Sonntagmorgen war. Mücke nuckelte Wodka durch den Strohhalm und meinte: »Jetzt roll ich das Feld von hinten auf! Zieh dich schon mal warm an, Schwester. Oder besser: aus!« Carola schenkte ihm diesen berüchtigten, schwerlidrigen Blick, der Armeen von Fünfzehnjährigen damals in die sexuelle Verzweiflung getrieben hat.

Es folgte eine kurze Phase der Hoffnung für Mücke, in der Matze und Thomas jeweils ihren zweiten Schuh verloren, aber im Laufe von Kid Creoles fast viertelstündigem *Table Manners* gab er buchstäblich sein letztes Hemd und saß nur noch in seiner albernen Unterhose da.

Als Mücke das nächste Spiel verlor, hielt die Runde inne. Ich beugte mich vor. Mücke nahm einen tiefen Schluck Wodka und stand auf. Er hatte Mühe, sich auf den Beinen zu halten, schob aber seine Daumen hinter den Gummizug seiner Unterhose und machte lasziv gemeinte Hüftbewegungen. Millimeterweise schob er die Hose hinunter. Und genau in dem Moment, da die Gefahr am größten war, dass man wirklich was zu sehen bekam, sagte Carola: »Lass mal gut sein. Ist besser für uns alle!«

Mücke starrte sie an. Offenbar spielte er mit dem Gedanken, das einfach durchzuziehen. Er war besoffen genug zu glauben, das begehrteste Mädchen der Schule würde nur durch den Anblick dessen, was jetzt noch verborgen war, in erotische Raserei verfallen. Um ihm die Entscheidung abzunehmen, stand Carola auf und ging aufs Klo. Matze

Danner und Thomas Knoll schauten angestrengt in unterschiedliche Richtungen.

Zu *Stool Pigeon* half ich Mücke wieder in seine Klamotten und schaffte ihn raus, bevor Carola zurückkam.

Mücke war nicht begeistert. »Wieso schleppst du mich da weg!«, motzte er, als wir durch die Gartenanlage zur Straße gingen. »Die hat mich doch nur gestoppt, weil sie Schiss hatte, dass sie die Kontrolle verliert, wenn ich ihr zeige, was ich habe. Ey, die hätte ich so durchgenommen, die wär für den Rest ihres Lebens für andere Kerle verloren gewesen!«

»Ist klar.«

Ich stützte Mücke und half ihm, Stromkästen, Autos und Verkehrsschildern auszuweichen.

»Ist wie im Western, was?«, sagte er irgendwann. »*Lass mich einfach hier liegen, ohne mich hast du eine Chance!*«

Wir schafften es quer durch die Stadt bis zu seiner Haustür. Am Himmel die zarte Ahnung des neuen Morgens.

»Aber weißt du was?«, sagte Mücke im Hausflur. Er beugte sich vor und flüsterte mir die letzte Weisheit dieser Nacht ins Ohr: »Sex wird sowieso überbewertet! Ich komme ganz gut ohne klar!«

Mit sechzehn kann das nur gelogen sein.

Blagen according to Theo

Einmal habe ich Theo, den alten Schrebergartennachbarn meiner Eltern, gefragt, wieso er denn keine Kinder habe. Gut, die Frage war schon etwas indiskret, aber letztlich hatte Theo sich das selber zuzuschreiben, schließlich hatte er mir drei oder vier großzügig eingeschenkte Pinnchen von einem Aufgesetzten Marke Eigenbrau serviert. Das Zeug hatte eine Farbe gehabt, die jede Frage danach, was da wohl drin sei, unterband. Ablehnen ging aber auch nicht. Das ist wie mit Eingeborenen am Ende der Welt, die einen mit einer süßlichen Paste bestreichen und als Ameisenfutter in die Sonne legen, wenn man ihre Gastfreundschaft ablehnt. In Gelsenkirchen-Bismarck etwa ist es da schon zu ganz hässlichen Szenen gekommen.

Theo jedenfalls hatte sich am Kinn gekratzt und gesagt: »Weisse, datt mit die Blagen, datt hat nich sein sollen bei der Else und mir.«

Man sollte vielleicht noch einwerfen, dass Theos Angetraute mitnichten »Else« hieß, sondern Gertrud. »Else« aber ist bei uns ein gebräuchliches Synonym für »Gefährtin«, jedenfalls bei eher traditionell orientierten Menschen. Moderne Versionen sind »Torte« oder »Ische«. Absolut zeitlos bleibt der Kosename »Olle«.

»Nich datt wir datt nich versucht hätten. Und ich kann dich flüstern, datt wir datt versucht hamm! Kär, watt hamm wir datt versucht! Wenn wir datt versucht hamm, datt war wie Schlachtwetter. Aber datt is lange her, und gebracht hatt et nix. Aber wenn ich mir so die Blagen von andere Leute angucke, muss ich sagen, ich bin gar nich so traurich, datt diesen Kelch an uns vorbeigeschlendert is.«

Ich erinnerte mich, dass Theo in der Gartenanlage nie als besonderer Kinderfreund aufgefallen war. Flog ein Fuß-ball in seine Rabatten, drohte er schon mal damit, das Ding aufzuschlitzen und auf den Kompost zu schmeißen. Und als Mücke mich mal in Theos Hecke schubste, kündigte er an, ich könne bald die Wurzeln seiner Tulpen sehr genau untersuchen, und er werde die Tulpen dafür nicht aus dem Boden reißen.

»Mit Blagen is doch so: Ett macht schomma ne Menge Dreck und Arbeit, wennse auffe Welt kommen. Dann ma-chense Krach. Krisse nich abgestellt, glaub mir!«

Da ich das schon zwomal mitgemacht hatte, musste er mir nichts erzählen. Es gab Nächte, da wäre ich nackt und auf Händen am langen Samstag die Haupteinkaufsstraße runtergelaufen, wenn mir einer versichert hätte, die Bengel wären dann still.

»Und dann kannze erssma nix mit ihnen reden. Frauen kriegen datt hin. Bei Frauen und ihre Blagen läuft datt ohne Worte. Für uns Männer is datt nix. Datt heißt, wir können mit so Blagen erss watt anfangen, wenn die quasseln kön-nen. Abba wenn man die Zeitungen glauben darf, iss ja dann praktisch schon zu spät. Da hasse als Vatta schon allet versaut.«

Besser kann man das ganze Problem mit der frühkind-lichen Prägung wohl kaum auf den Punkt bringen.

»Abba sagenwa mal, du hass Glück und datt Blaach nimmt dich datt nich krumm. Dann kannze aber au widda nich, wie de willz. Darfs datt Kleine ja getz nich mit inne Kneipe nehmen oder so. Und muss au imma bissken aufpassen, watte erzählst, damit datt nicht die ganzen Sauereien mitkricht, die nun mal beim Manne dabeigehörn. Abba ma andersrum is datt natürlich ein schönet Alter, so sechs, sieben, acht Jahre. Da lernen die ständich watt Neuet, können abba auma watt alleine machen. Abba danach geht et doch widda berchab. Da kommt dann die Pubbatät und da willzze se nur noch anne Wand klatschen.«

Nun ja, gab ich zu bedenken, Loslösung von den Eltern, die Herausbildung eines eigenen Standpunktes und all das, das gehöre doch zum Erwachsenwerden dazu.

Theo gönnte sich noch ein Pinnchen, bevor er fortfuhr. »Weisse, da sagen die Leute immer, die Natur is so clever. Die hat allet sauber eingefädelt, die Tiere können immer genau datt, watt se brauchen, um zu überleben. Abba wie clever is datt denn mit die Blagen ihre Pubbatät? Wenn die Natur wirklich schlau wär, dann würden die Blagen einen Morgen wach werden und sagen: Vatta, ich weiß getz, datt du immer recht gehabt hass. Mit allet! So! Kein Stress für die Blagen, kein Stress für die Eltern, alle sind zufrieden und leben länger. Nich datt ganze Rumgeheule von wegen, du hass die Mutta nich beim Abwasch geholfen und deshalb muss ich heute Drogen nehmen und datt allet.«

Ich dachte an meine Schwägerin und ihre vier Kinder, von denen drei in der Pubertät waren. Meine Schwägerin hatte in den letzten zwei Jahren schwer abgebaut und wirkte wie eine Frau, die man zwang, einen Achttausender ohne Sauerstoffgerät zu besteigen. Jeden Tag.

»Is au egal, ob du ein Junge oder ein Mädchen geliefert

kriss. Die Jungens saufen sich in dem Alter die Hucke voll und wollen dir in die Fresse hauen. Und bei die Mädels hasse die ganzen Freier ummet Haus rumstreichen, die ihr anne Wäsche wollen. So watt kriss du doch ohne Schusswaffengebrauch übbahaupt nich unter Kontrolle!«

Ich dachte an die Jungs, die ich im Wohnzimmer meiner Schwägerin gesehen hatte und die mich schon nach dem Inhalt eines imaginären Schulterhalfters hatten tasten lassen. Und dabei ging es nur um meine Nichte, für die ich eigentlich gar nicht zuständig war. Wenn ich daran dachte, dass ich eine Tochter … Aber mit Jungs ist es doch auch nicht besser. Ich stelle mir jetzt schon manchmal vor, was ich mit diesen arroganten Schlampen mache, die meinen kleinen Jungs das Herz brechen, so wie sie es bei mir auch reihenweise … Egal, das führt jetzt zu weit.

»Und wennse dann erwachsen sind, dann krisse se nur noch zu Weihnachten zu Gesicht oder wennse dich anpumpen wolln. Und dann meckernse rum, weil et bei dir nicht sauber genuch is. Oder auch datt et zu sauber is, datt is au nich gut. Und dann steckense dich im Heim und verhökern deine Zinnkruchsammlung. So läuft datt. Und deshalb hammwa keine Kinder, die Else und ich.«

Noch ein Pinnchen.

»Obwohl …«, meinte Theo und unterzog die Plastiktischdecke einer eingehenden Prüfung. »Manchmal denk ich: Wär schon nich schlecht gewesen. Ich meine, wenn ich nich mehr bin, watt wird dann aus meine Laube?«

Ich kippte noch einen für den Weg und fühlte mich wieder ein bisschen schlauer.

Fakten für
Verbraucher

Budenzauber

Das Ruhrgebiet hat viele Vorteile: Es gibt hier keinen FC Bayern, auf je hundert Einwohner kommen mindestens zwanzig Frittenschmieden, und auch wenn der Schrebergarten und die Currywurst in Berlin erfunden wurden, ist die Benutzung des einen und der Verzehr der zweiten in dieser Gegend zum selbstverständlichen Bestandteil der Hochkultur geworden.

Das größte Plus für die Lebensqualität zwischen Recklinghausen und Hattingen, Duisburg und Unna ist jedoch die »Trinkhalle« oder »Selterbude«, kurz: die Bude, ein nicht wegzudenkender Versorgungsstützpunkt, der elementare Grundnahrungsmittel wie Flaschenbier, Kartoffelchips und Klümpchen auch jenseits der üblichen Ladenöffnungszeiten bereithält. Beim Wohnungswechsel innerhalb des Ruhrgebietes achten echte Kenner weniger auf die Anbindung an den öffentlichen Personennahverkehr als vielmehr auf die Entfernung zur nächsten Bude. Ich selbst kann mein gesamtes bewusstes Leben und meine Wohnbewegungen in meiner Heimatstadt (Bochum) allein anhand der Buden und der dazugehörigen Budenmänner und Budenfrauen erzählen.

Ich erinnere mich zum Beispiel an den alten Lemke, der die Bude am Imbuschplatz hatte, ein freistehendes Modell mit Schrägdach und öffentlicher Toilette an der Rückseite – ein perfektes Bild für einen funktionierenden Wirtschaftskreislauf: Vorne wurde der Flachmann Weizenjunge erworben, im Schatten gleich neben der Bude mit dem nötigen Ernst verarbeitet und im hinteren Teil gleich ortsnah entsorgt.

Der alte Lemke selbst hatte nur ein Bein, bewegte sich aber recht behände auf zwei schwarzen Krücken über die vier Quadratmeter seines Unternehmens. Sein bester Freund war eine schwarzfellige Töle namens, und das kann man nicht erfinden, Adolf.

Kunden waren für Herrn Lemke keine Könige, sondern das lästige Pack, mit dem man sich abgeben musste, wenn man was verkaufen wollte. Vor allem aber waren Kunden keine Leute, die ein Recht auf Hygiene hatten. Die fleischige Pranke, die eben noch tief in Adolfs Nackenfell Parasiten gesucht und gefunden hatte, senkte sich im nächsten Moment in eines der durchsichtigen Bonbon-Schubfächer und kramte Salmiakpastillen, Brausebonbons oder Weingummis hervor, um sie auf die abgewetzte Wechselgeldablage im offenen Budenfenster zu knallen.

Nach Herrn Lemkes Tod wurde die Bude auf Weisung des Gesundheitsamtes abgerissen, worauf noch drei Meter Mutterboden ausgetauscht werden mussten, da man eine Kontaminierung des Grundwassers fürchtete.

Als ich mit zwanzig von zu Hause auszog, fand ich eine Wohnung mit Bude gleich im Nebenhaus. Diese war eine von den Luxusmodellen, in die man sogar hineingehen konnte. Das Zeitschriftenangebot lag nur knapp unter dem, was an internationalen Flughäfen üblich ist, die Liste der angebotenen Biersorten ging über zwei handgeschriebene Din-A4-Seiten und neben dem üblichen Kram wurde ein Haufen sogenannter »Vergess-Artikel« angeboten, also H- und Dosenmilch, in Folie hineingefolterte Wurst, Gewürzgurken im Glas und – gleichsam, um den Geschlechterproporz zu wahren – Tampons und Binden.

Der Budenmann war ein breitschultriger Türke mit einem unterarmdicken Schnauzbart unter der Nase und gleich zwei echten, weit sichtbaren Goldzähnen im Oberkiefer sowie einer grobgliedrigen Goldkette, die jedoch nur undeutlich durch die dicht bis ans Kinn wuchernde Brustbehaarung schimmerte. Als er mich nach zwei Wochen als Stammkunde erkannt und akzeptiert hatte, drückte er mir auch schon mal zur WAZ ein Kondom in die Hand und sagte: »Brauchst du mehr? Kannst du haben! Brauchst du Frau dazu? Kein Problem. Du sagen, ich liefern.«

Auch nach meinem nächsten Umzug hatte ich es nicht weit. Diesmal wurde mir richtig was geboten. Drei Häuser weiter erwarteten mich täglich von morgens sieben bis abends um 22 Uhr etwa zwanzig nackte Frauen, um mir Bier, Chips oder Zeitungen zu verkaufen. Na gut, wirklich verkauft hat nur eine, und die war auch nicht nackt, aber in den Budenfenstern um sie herum hingen allerlei gynäkologische Fachmagazine, bei denen die neuralgischen Bereiche mit schlecht sitzenden weißen Zetteln verdeckt waren. Ich gebe zu, einmal habe ich so ein Druckwerk erstanden. Natürlich nur um zu sehen, wie tief andere, die sich so was regelmäßig kaufen, schon gesunken sind. Eine leicht aufgedunsene, von vierzig Brüsten umgebene Blondine schob mir das Magazin, mit dem Titelbild nach unten, über den Tresen und sagte voller Verständnis: »Kommen auch wieder bessere Zeiten!«

Es gibt natürlich auch bedenkliche Entwicklungen auf dem Budensektor. Der Hang, den Namen des Besitzers oder der Besitzerin in der Außenwerbung zu verwenden (»Biggis Büdchen«, »Kalles Kiosk« oder ähnliche Albernheiten), ist ebenso abzulehnen wie die Bezeichnung »Verkaufsshop« oder, noch schlimmer: »Happy Shop«.

Die gute Bude erkennt man an einer sachlichen Werbung für eine lokale Biersorte, einem Langnese-Fähnchen und einem mit Edding geschriebenen Schild »Bitte hier klingeln«, gerne auch mit einem Pfeil, der ins Nichts statt auf eine Klingel weist.

Wir fassen zusammen: Hamburg hat den rauen Charme der Alster, durch Berlin weht dann und wann der Mantel der Geschichte und München hat große Biergärten und schicke Klamotten. Das Ruhrgebiet jedoch hat etwas, das dich am Leben erhält, wenn der Supermarkt geschlossen ist: den Zauber der Bude.

Mach die Augen zu und iss!

Heute macht man sich über das Essen sehr viele Gedanken. Früher wurde gegessen, was auf den Tisch kam. Und warum? Mein Oppa sagte immer: »Futtern hält dich am Kacken!«

Das soll mir schon sehr früh klar gewesen sein. Der Legende nach konnte die stark übergewichtige Schwester Annemarie meine Mutter schon wenige Tage nach meiner Geburt im damaligen Haus C des Augusta-Krankenhauses in Bochum beruhigen: »Dat wird mal n guten Esser!« Wobei es hier ja nur ums Trinken ging. Und da hatte man mich einmal davor und einmal danach gewogen und festgestellt, dass ich dreimal mehr zu mir genommen hatte als der seit siebzig Jahren gemessene Durchschnitt auf dieser Gebärstation.

Aber das war ja noch kein richtiges Essen. Auch die Möhrenpampe, die meine Mutter nach eigener Aussage irgendwann in mich hineinzwängte (jedenfalls das, was ich nicht in der ganzen Küche verteilte) zählt irgendwie nicht. Richtig essen lernt man bei uns inne Gegend bei Omma und Oppa. Ob man dazu Messer und Gabel benutzt, ist zweitrangig. Auch ist es durchaus nicht verpönt, den Ellenbogen auf dem Tisch zu platzieren und die freie Hand locker über die Kante baumeln zu lassen. Ist ja auch sehr bequem.

Wichtig ist, WAS gegessen wird. Schlimm war es, wenn die Rudimente bäuerlicher Ernährungsgewohnheiten sich

Bahn brachen und ein großer Topf mit Erbsen, Graupen, Linsen, weißen Bohnen oder, im Extremfall, Stielmus auf dem Herd vor sich hin köchelte. Der Gestank zog durch die ganze Wohnung, das ganze Haus. Es gibt Häuser, die sind abgerissen worden, weil man den Odem zehntausendfach verkochten Blumenkohls nicht aus den Wänden hatte bringen können. Und wenn Uromma dabei war, erzählte sie dann auch noch unaufgefordert vom Steckrübenwinter 1916/17, und bei Steckrüben, da hatte ja schon der Name so einen verhängnisvollen Klang. Die bleiben einem bestimmt im Hals stecken, dachte ich als Kind.

Angeblich war immer das Ekligste das Gesündeste. Wie kann ein Teller Graupensuppe gesund sein? Etwas, das so aussieht wie schon mal gegessen und wieder hervorgewürgt, kann für den Körper nichts anderes sein als Gift! Das einzig Genießbare an so einer Pampe war die Mettwurst, die glücklicherweise noch darin herumschwamm. Aber zog man die heraus, um sie separat zu vertilgen, blieben immer ein paar Graupen, Linsen oder Erbsen daran hängen, und wie das wieder aussah, möchte man hier gar nicht beschreiben. Mein Vater pflegte dann zu sagen: »Mach die Augen zu und iss!« Immerhin schien er sich des Problems bewusst zu sein.

Es war viel Lüge rund ums Essen. Über Möhren zum Beispiel hieß es, sie seien gut für die Augen. Auf Basis von verlässlichen Alltagsbeobachtungen kann ich heute feststellen: Alle, die als Kinder Möhren gemümmelt haben wie ein Kaninchen, hatten später mindestens sechs Dioptrien. Und ich, der ich mich stets von allem, was einer Möhre auch nur ähnlich sah, ferngehalten habe, kann noch immer

auf zwei Kilometer Entfernung jedes Straßenschild entziffern!

Und von wegen im Spinat sei viel Eisen! Ist ja mittlerweile komplett widerlegt. Im Spinat ist nur Eisen, wenn
man eine Schraube reinwirft.

Sieht man mal von diesen schon fast makrobiotischen
Entgleisungen ab, hieß Essen bei uns aber immer Fleisch.
Als ich mit Mitte zwanzig mal mit meiner damaligen
Freundin Omma besuchte und diese im Vorfeld versprach,
für uns zu kochen, gab ich zu bedenken, die Dame sei
Vegetarierin, esse also kein Fleisch. Darauf Omma: »Na
gut, dann mach ich Hühnchen!«

Großer Beliebtheit erfreuten sich bei uns Schweineschnitzel. Bei Omma immer ohne Sauce, bei Muttern nach
»Jäger Art«, wobei die Sauce aus der Packung kam und in
dem gleichen Topf angerührt wurde, in dem wir sonst
Milch erhitzten. Schon die Zubereitung war schön anzusehen. Wie das Fleisch erst im Ei, dann im Mehl, dann in der
Panade gewälzt wurde, war schon der erste sinnliche Genuss. Und wie es dann in der Pfanne vor sich hin brutzelte
und die Panade langsam braun und knusprig wurde! Muttern benutzte eine der modernen, beschichteten Pfannen,
bei Omma kam natürlich immer noch das Modell aus
Gusseisen zum Einsatz, mit dem man zur Not auch Einbrecher erschlagen konnte, jedenfalls wenn man das Ding
hochbekam und sich beim Ausholen nicht die Schulter
auskugelte.

In der gleichen Pfanne stellte Omma eine andere Basis-
Speise her, die nur Ommas wirklich hinkriegen: Frikadellen. Frikadellen von jüngeren Frauen sind nur Kopien, gut

gemeinte Versuche, Plagiate. Bestimmte Speisen gelingen einfach erst, wenn eine Frau auf die nächsthöhere Daseinsstufe gelangt ist, auf die Omma-Ebene.

Versammelt sich meine Doppelkopfrunde bei mir, sodass ich als Gastgeber für die Verpflegung zuständig bin, wird schon Tage vorher gefragt: Macht deine Omma denn auch wieder Frikadellen? Sollen wir ihr *das Gehacktes* vorbeibringen? Sollen wir sie bezahlen? Geld spielt keine Rolle! (Sie haben übrigens richtig gelesen. Bei uns heißt es *das Gehacktes*. Nicht *das Gehackte*.)

Fragt man Omma (und bei anderen Ommas wird das nicht anders sein), was das Geheimnis ihrer Frikadellen sei, zuckt sie nur die Schultern. »Ich mach die einfach so wie immer!« Vielleicht hat es mit der Beschaffenheit der Haut an ihren Händen zu tun, mit denen sie erst *das Gehacktes* in einer Schüssel walkt und knetet und mit Ei und Brötchen vermengt, um es dann zu perfekt geformten Fladen zu formen. Vielleicht haucht sie kurz vor dem Einlegen in die Pfanne noch mal kurz darauf, haucht den Frikadellen so Leben ein. Vielleicht, und das scheint mir am wahrscheinlichsten zu sein, ist es einfach Zauberei. Frikadellen schmecken in jeder Familie anders, aber nie so gut von Muttern wie von Omma.

Also verlegte sich meine Mutter auf Speisen, bei denen sie nicht mit meiner Omma konkurrierte. Sie hatte zum Beispiel eine merkwürdige Vorliebe für Innereien, dabei war sie gar keine blutrünstige Frau, las im Gegenteil bevorzugt Liebesromane. In der Rückschau übertreibt man ja gern, deshalb kommt es mir heute so vor, als habe es in meiner Kindheit einmal die Woche Nierchen gegeben. Der

Geruch zog dann durchs ganze Haus und kollidierte mit dem Kohlgeruch aus der Nachbarwohnung. In den Siebzigern waren nicht mehr die Emissionen der Schwerindustrie das Hauptproblem für das Klima, sondern die kulinarischen Vorlieben ganz normaler Hausfrauen. Schon die Konsistenz der Nierchen war abscheulich. Man hatte den Eindruck, man biss auf Gummi. Und als mir dann klar wurde, was durch so eine Niere alles durchfließt, war das Thema für mich endgültig durch. Ich drohte mit Hungerstreik, aber meine Mutter sagte nur: »Das würde dir tatsächlich mal guttun!«

Auch Leber stand auf unserem Speiseplan ganz oben, obwohl die immer ein bisschen nach alter Aktentasche schmeckte. Mein Vater liebte die geschmorten Zwiebelringe, unter denen die Leber fast verschwand, und ich hielt mich vor allem an das Kartoffelpüree.

Bei allem, was es zum Kaffee gab, war Omma dann wieder ganz vorne. Einer der dicksten Sargnägel meiner Ernährung bestand aus Ommas Buttercremetorte. Wenn in einem Wort schon »Butter« UND »Creme« drin vorkommen! Aber, verdorrich noch mal, das Ding war wirklich lecker! Unter drei Stücken ging da gar nichts. Und das vierte heimlich unterm Tisch, wie der Köter der Nachbarn.

Oder Waffeln! Sonntachnammittach. Und dazu ein Familienfilm im Fernsehen: »Don Camillo und Peppone« oder, mein Favorit: »Der rote Korsar«, mit Burt Lancaster in gestreiften Strumpfhosen. Fressen und Fernsehen – da habe ich es gelernt.

Heutzutage zwinge ich Omma, um die Ernährung meiner eigenen Kinder nicht aus dem Ruder laufen zu lassen, nur noch Zitronenkuchen oder diese Quarktorte mit Mandarinen zu backen, wobei das »oder« sich für sie immer anhört wie ein »und«. Mit Ommas ist es ja so: Sagt man ihnen, sie möchten doch bitte zum Geburtstag der Enkel oder, in unserem Fall, Urenkel *einen* Kuchen backen, wirklich nur einen, weil man ja unter sich sei und schon der eine nicht aufgegessen würde, dann backen sie auf jeden Fall zwei, weil für diese Generationen mehr einfach mehr ist. Außerdem weiß man nie, ob noch überraschend jemand klingelt.

Sagt man, okay, es kommen ein paar Leute mehr, mach doch vielleicht einen zweiten, schleppen sie mindestens drei an. Und noch ein bisschen Gebäck. Will man wirklich nur einen Kuchen, sagt man im Vorfeld kategorisch: Omma, wir wollen keinen Kuchen, wir haben die Kinder und uns selbst komplett auf Möhren umgestellt, schon wegen der Augen, wirklich, bitte, wir essen nie wieder Kuchen. Und wenn sie den einen dann anschleppt, wird es heißen: »Is nur sonn kleiner!« Auch wenn er so groß ist wie sonst auch.

Die Kriegsgeneration tendiert ja überhaupt zu Vorratshaltung. Auch wenn meine Omma mittlerweile einen gut funktionierenden Ein-Personen-Haushalt betreibt, kauft sie Wurst, Fleisch, Käse und Brot immer noch in Kompanie-Stärke. Man weiß ja nie, wer mal überraschend zum Essen vorbeikommt. Wenn ich den Kühlschrank meiner Omma öffne, denke ich immer, ich schaue in ein von einer nur noch schwach flackernden Funzel beleuchtetes Anderthalb-Kubikmeter-Schlaraffenland.

Als Vater versucht man dann, alles besser zu machen.

Gesunde, ausgewogene Ernährung ist Trumpf, zu jedem Essen was Grünes. Natürlich, die Wurst im Stadion muss erlaubt sein. Doch als meine Frau kürzlich hoffte, die Kinder würden ob ihres – zugegeben exquisit zubereiteten – Steckrübenpürees in spitze Schreie hellen Entzückens ausbrechen, schoss mir schon durch Kopf, dass wir nicht mehr 1917 haben. Da man dem Partner aber nie vor den eigenen Kindern in den Rücken fallen sollte, legte ich meinem älteren Sohn nur eine Hand auf den Unterarm und sagte: »Mach die Augen zu und iss!«

Akropolis adieu!

Dem Klischee nach ernähren wir uns im Ruhrgebiet ja fast ausschließlich von Currywurstpommesmayo. Das gehört praktisch zu unserer kulturellen Identität.

Bei mir fing es damit an, dass bei uns gegenüber die Bäckerei Schmidtmeier dichtmachte und der »Akropolis Grill« einzog. Mein Vater stand Neuerungen eher skeptisch gegenüber: »Watt solln wir mit dem scheiß Sirtaki-Fraß!« Meine Mutter aber war kulinarisch etwas aufgeschlossener, drückte meinem Vater eines Abends zwanzig Mark in die Hand und sagte: »Mann, geh hinaus ins feindliche Leben, jagen und sammeln!« Mein Vater überquerte die Straße und kam lange nicht zurück.

Eine halbe Stunde verging, eine ganze, anderthalb Stunden. Nach mehr als zwei Stunden tauchte er wieder auf – voll wie ein Eimer. Und bekehrt: »Die sind voll in Ordnung, da drüben!«, meinte er mit schwerer Zunge. »Kaum war ich drin, hatte ich sonn Pinnchen mit Lakritz-Wasser vor mir stehen!«

»Und was ist mit dem Essen?«, wollte meine Mutter wissen.

»Naja, nur das erste Pinnchen war umsonst!«

Jahre später hat eine andere Pommesbude ganz in der Nähe vor allem mein Bild vom Pommes-Personal geprägt. Wenn man jemandem etwas abkauft, hat man doch gerne das Gefühl, der Verkäufer, die Verkäuferin vertraut diesem Produkt auch privat. Ein Mercedes-Händler, der privat Opel fährt – das weckt Misstrauen. Steht man vor einem spillerigen Männeken von knapp eins fünfzig, ist man geneigt zu sagen: Bei dir kaufe ich Drogen, aber keine Pommes!

Sehr viel mehr Vertrauen erweckte die Servicekraft von Hölschers Imbiss an der Bochumer Gussstahlstraße, gleich »anne Gurke«, dem Rotlichtbezirk. Wie schon erwähnt, bewohnte ich ab dem achtzehnten Lebensjahr ein winziges Appartement im gleichen Haus wie meine elterliche Wohnung, und diese Freiheit nutzte ich, um, zunächst nur an den Wochenenden, dann auch an den Tagen dazwischen, streng wissenschaftliche Versuchsreihen anzustellen. Ich testete die Auswirkungen diverser alkoholischer Getränke auf den männlichen Körper. Dummerweise vergaß ich ständig die Ergebnisse und musste wieder von vorn anfangen. Eines aber wurde deutlich: Befindet sich der

männliche Körper in einem Zustand alkoholischer Zuspit-
zung, also jenseits von 1,5 Promille, morgens gegen vier,
halb fünf, tut er nicht das Gesündeste und geht an Ort und
Stelle für sechzehn Stunden in den Ruhezustand über, sondern in seinem Gehirn meldet sich eine Stimme, die ihm
suggestiv einhämmert: »Du brauchst noch ne Currywurst!
Du brauchst noch ne Currywurst! Du brauchst noch ne
Currywurst!« Und eine Currywurst gab es damals, morgens um vier, halb fünf nur noch bei Hölschers Imbiss
anne Gurke.

Und hier stand sie, die Pommesfrau schlechthin: Über
einsachtzig groß, mit Schultern wie ein Gewichtheber,
hineingezwängt in einen ehemals weißen, von verbliche-
nen Saucenflecken übersäten Haushaltskittel ohne Ärmel,
damit man die Muskeln im Unterarm arbeiten sah, wenn
sie die Bratwurst mit der Papierschere zerschnitt, um sie
zur Currywurst werden zu lassen. Übrigens: Nur wenn die
Wurst wirklich »händisch« mit der Papierschere zerteilt
wird, hat man die Gewähr, dass immer zwei bis drei Teile
aneinanderhängen. Der Kenner weiß: Eine gute Currywurst muss man essen wie Matjes: Kopp in den Nacken
und dann von oben langsam herunterlassen!

Im Hintergrund bei Hölschers Imbiss hockte meist ein
alter Mann mit einer Ledermütze (der alte Hölscher?) und
schnitzte – wahrscheinlich die Pommes.

Unvergesslich auch eine in der Brüderstraße gelegene
Lokalität, die »Restaurant« zu nennen ich mich trotz allem
nicht scheue. Die seit den Siebzigern unveränderte Außenwerbung wäre eine Zierde für jedes Designmuseum. In
zeittypisch gerundeten roten Lettern auf orangefarbenem

Grund (heute wieder voll State of the Art) stand dort lange Jahre der Name, der dem wahren Gourmet noch immer den Gaumen feuchtet: Rösti!

Wer seinen Gaumen verwöhnen will, der bestellt hier was? Genau: Schaschlik! Als ich mein erstes Rösti-Schaschlik bestellte, fragte ich mich, wo das denn gelagert würde, schließlich lagen die platt gehauenen, panierten Schweineschnitzel deutlich sichtbar in der Auslage neben den vor sich hin welkenden Salaten. Der freundliche Herr in dem sympathisch knappen T-Shirt ging zu einem der Saucenbottiche und fischte einen wahren Marterpfahl mit kinderkopfgroßen Fleischstücken heraus und knallte mir den beherzt auf den Teller. Fast wollte man damit zum Tierarzt gehen und fragen, ob da noch was zu machen sei. (Leider ist der langjährige Betreiber dieser Bochumer Institution mittlerweile verstorben und das Etablissement selbst schwer modernisiert worden.)

In den acht Jahren, die ich an der Castroper Straße direkt gegenüber vom Planetarium wohnte, war es wieder ein »Akropolis Grill«, und hier traf ich den großen Fritteusen-Melancholiker, einen für diesen Job ungewöhnlich hageren Griechen, der dann und wann sogar in seiner Pommesbude übernachten musste, wenn er Knies mit seiner Frau hatte, die genug vom miesen deutschen Wetter hatte und sich nach dem blauen Himmel über Heraklion zurücksehnte.

Eines Nachts suchte ich mal wieder das verdammte Schlüsselloch meiner Haustür, das immer mal wieder entwendet wurde, als der hagere Grieche, ebenfalls jenseits der Fahrtüchtigkeit, die Straße heraufgewankt kam und mich zu einem Schlummertrunk in sein Unternehmen einlud. Da saßen wir dann unter dem ausgeschalteten Spiel-automaten und tranken aus einer Mineralwasser-Flasche der Marke »Brohler« griechischen Selbstgebrannten, der einen verhängnisvollen Angriff auf meine Mundschleim-häute ritt, aber, dachte ich, man kann ja diesen Naturvöl-kern nichts abschlagen. Die ganze Zeit ging mir dieser alte Slogan im Kopf herum: Trink Brohler, dann wird's dir woh-ler! Ich konnte das nicht bestätigen.

Im nüchternen Zustand konnte es geschehen, dass der hagere Grieche an der Fritteuse stand, die Pommes im sie-denden Fett schüttelte und murmelte: »Immer nur Kalo-rien, Kalorien, Kalorien!« Nicht gerade verkaufsfördernd.

Heute lebe ich natürlich viel gesünder. Manchmal aber muss es sein: Currywurstpommesmayo, ganz schnell und im Stehen. Gehört schließlich zur kulturellen Identität.

Watt der Mensch braucht, datt musser haben!

Ein nicht geringer Teil des Lebens im Ruhrgebiet spielt sich in Stammkneipen ab. Für mich war das Thema Stamm-kneipe allerdings erledigt, als Siggi dichtmachte. Offiziell hieß die Kneipe »Zum Sportfreund«, aber eigentlich sagte man nur: Wir gehen zu Siggi.

Der Sportfreund (übrigens: ohne s hinter dem t!) lag direkt gegenüber unserer Schule, weshalb manche ihn auch »Raum 331« nannten, da nach der Fertigstellung des Neubaus die Zählung bei 330 aufhörte. Das Publikum bestand aus »normalen« Stammkneipengästen, zu denen Anwohner und langjährige Bekannte der Wirtsleute zählten, Schülern, Mitgliedern der Jugendgruppen der nahegelegenen Propsteikirche und Basketballern des VfL Bochum, deren Pokale auf dem Regalbrett über dem Stammtisch aufgereiht waren. Das ergab eine bunte Mischung, die es so nur in wenigen der klassischen Eckkneipen gab und gibt.

Die Inneneinrichtung hatte sich seit 1947 nicht verändert. Einmal im Jahr wurde gestrichen und Anfang der Siebziger ein Flipper angeschafft. Trat man durch die Tür, hinter der im Winter ein schwerer, dunkelroter Filzvorhang mit Lederbesatz am unteren Ende den Wind einfing, hatte man linker Hand gleich den Gang zum Klo, dann den Flipper, den Eingang zum Hinterzimmer und schließlich den kurzen Tresen mit Handlauf, Fußstütze und vier einfachen Holzhockern. Der Tresen endete in einer Glasvitrine, oben drauf ein Spendenschiff der Deutschen Gesellschaft zur Rettung Schiffbrüchiger.

In der Vitrine wurden ab morgens die von Frau Wirtin handgemachten Frikadellen auf einem weißen Teller gestapelt. Daneben ein paar der unvermeidlichen Mettbrötchen, die aber nicht lange dort standen, sondern meistens frisch gemacht wurden. Eine Riesenbockwurst mit Kartoffelsalat rundete das Speisenangebot ab. Die Riesenbockwurst trug ihren Namen zu Recht, wurde aber kneipenintern nur »Jungferntraum« genannt. Was selbstredend zu einigen unanständigen Späßen anregte. Dabei taten sich beileibe nicht nur spätpubertäre Rohlinge hervor. Die leicht angetrunkene Frau eines Basketballtrainers kommentierte den Eumel dereinst mit den Worten: »Davon träumen nich nur Jungfern, datt kann ich euch flüstern.« Was ihrem Mann aus diversen Gründen ein bisschen peinlich war.

Von Hause aus schon nicht zur Edelküche erzogen, war ich jedenfalls durch Frau Wirtins Frikadellen, Bockwürste und Mettbrötchen endgültig für die Haute Cuisine verloren.

An der Stirnseite war gleich neben der Vitrine ein Spielautomat angebracht, weiter rechts stand der große Stammtisch mit Eckbank, darüber, dort, wo sich in Bayern der »Herrgottswinkel« befindet, ein Fernseher, auf dem samstags die Sportschau lief.

An der Fensterseite vier einfache, quadratische Tische mit karierten Decken, daran jeweils vier einfache Holzstühle. Stilistische Zurückhaltung war hier nicht Programm, sondern selbstverständlich.

Auch das Hinterzimmer war nicht groß, bot aber, wenn man sich quetschte, bestimmt fünfzig Leuten Platz. Der Sportfreund war eine Kneipe der kurzen Wege.

Die Toiletten verzichteten auf Schnickschnack. Der Boden war rot-grau gekachelt, bei den Herren gab es zwei Urinale und eine Kabine. Die Damentoilette habe ich nie von innen gesehen. So was machte man nicht bei Siggi.

Unvergessen der Kondomautomat im Herrenklo, ein graues Teil aus den Fünfzigern, auf dem bis zuletzt der schöne Aufkleber prangte: »Neu in diesem Automaten! Amor Filigran! Mit zarten Perlnoppen!«

(Wem das bekannt vorkommt: Das habe ich schon mal verwendet, in der Geschichte »Siebzehn für immer, achtzehn bis ich sterbe«, aber es gehört hier einfach noch mal hin.)

Eine elektronische Kasse suchte man bis zuletzt vergeblich. Die verzehrten Getränke wurden mit einem dicken Bleistift in den Bierdeckel eingekerbt, ein Strich für ein kleines Pils, ein Kreuz für ein großes – immer noch die ehrlichste Art der Rechnung. Wie entwürdigend sind doch in modernen Kneipen diese Momente, wo die Servicekraft sich an den Tisch setzt und in stundenlanger Kleinarbeit aufzudröseln versucht, wer was verzehrt hat. In dieser Hinsicht ist analog nicht altmodisch, sondern vernünftig.

Ich kann mich nicht mehr genau an meinen ersten Besuch dort erinnern, aber ich fürchte, es war vormittags. Der Sportfreund öffnete damals bereits um acht Uhr, um jenen eine Heimstatt zu bieten, die am Tag zuvor den Vertretungsplan nicht richtig gelesen hatten oder Latein oder Mathe an diesem Morgen einfach nicht gebrauchen konnten. Auch Insassen der Berufsschule (neben unserem Gymnasium) konnte man hier um diese Zeit schon antreffen.

Hinter dem Tresen stand Siggi, ein großer Mann mit tadellosen Manieren. Plumpe Vertraulichkeit war seine Sache nicht. Es dauerte Monate, bis er mir das Du anbot, welches ich mir wahrscheinlich dadurch verdient hatte, dass ich auch an den Abenden auftauchte und mich nicht drei Stunden an einer Cola festhielt.

Anni, Frau Wirtin, würde ich heute noch siezen, wenn ich sie auf der Straße träfe. Als Jungspund Frau Wirtin duzen – auch das machte man nicht bei Siggi. Frühmorgens stand sie in der engen Küche und briet in der gusseisernen Pfanne die Frikadellen, immer im weißen Haushaltskittel und mit perfekt »gemachten« Haaren, stets gepflegt, aber nie übertrieben herausgeputzt. Überhaupt umgab das Wirtsehepaar eine Aura natürlicher Würde.

Anfang der Sechziger hatten Siggi und Anni die Kneipe übernommen, und Generationen von Schülern sind hier abgestürzt. Natürlich ist es schockierend, sich vorzustellen, wie sechzehn- oder siebzehnjährige Jungspunde sich schon um kurz nach acht oder in der großen Pause um halb zehn einen halben Liter Pils einverleiben, aber wie sagte Siggi gern: »Watt der Mensch braucht, datt musser haben!« Er stellte die Humpen vor uns hin und sagte: »Ja, schönschön!«, was sich anhörte wie ein völlig verdientes Selbstlob für das perfekt gezapfte kühle Blonde.

Damals in der guten, alten Zeit (Mitte der Achtziger) bedeutete nicht jedes Glas Bier gleich den Absturz in die Drogenkarriere. Einmal saß ich zusammen mit Mücke nach einem Liter Bier auf praktisch nüchternen Magen im Französischunterricht bei Frau M., und wie es so ist nach einem Liter, irgendwann will der auch wieder raus. Ich glaubte zuerst, bis zur nächsten Pause durchhalten zu können, aber dann dachte ich, das Zeug läuft mir gleich aus den Ohren heraus. Ich wollte gerade aufstehen, als Mücke sich erhob und erstaunlich fehlerfrei fragte, ob er mal zur Toilette dürfe, was ihm selbstredend gewährt wurde. Ich sah den endlosen Gang zum nächsten Klo vor mir und malte mir aus, wie lange Mücke für Hin- und Rückweg sowie für das Ablaufenlassen brauchen würde. Ich spürte Panik in mir aufsteigen. Zeit ist nicht relativ. Die folgenden Minuten waren absolut. Und zwar absolut zu lang. Ich versuchte, an etwas anderes zu denken, sah aber nur Mücke vor mir, wie er mit einem wohligen Aufstöhnen seinen Strahl in die Keramik abschoss. Plötzlich meinte ich den Wasserhahn des Waschbeckens in der Ecke tropfen zu hören. Auch draußen auf dem Schulhof rieselte irgendwas. Ich hörte das Blut in meinen Adern rauschen. Alles fließt, dachte ich, nur ich nicht.

Nach einer nicht nur gefühlten, sondern tief empfundenen Unendlichkeit kam Mücke zurück, und noch bevor sein Hintern wieder die Sitzfläche seines Stuhls berührte, war ich schon auf den Beinen und trippelte in kurzen Schritten auf die Tür zu, den Blick fest auf die Klinke gerichtet, die vor meinen Augen immer wieder verschwamm. Endlich legte ich meine kaltschweißige Hand auf das kühle Metall, als mich die Stimme von Frau M. stoppte. Was will die Olle, dachte ich, ich habe keine Zeit!

»Wo willst du hin?«

Was für eine bescheuerte Frage, dachte ich noch, schoss ein »Na pinkeln!« in Richtung von Frau M., verließ das Klassenzimmer und wankte unter Schmerzen den Flur hinunter.

Auf dem Rückweg musste ich zugeben, dass ich kein gutes Bild abgegeben hatte. Ohne ein Wort war ich aufgestanden und hatte mich auf diesen endlosen Weg zur Tür gemacht. Das musste auch eine erfahrene Lehrkraft skeptisch machen.

Als ich, deutlich erleichtert, wieder neben Mücke saß, gab Frau M. der ganzen Klasse eine Aufgabe, die in Stillarbeit zu erledigen war, kam zu uns herüber und sagte:

»Wart ihr bei Sigg- äh... habt ihr Alkohol getrunken?«
Mücke war wieder obenauf und konterte: »Nee, nur Bier!«

Nach der Stunde setzte es ein paar mahnende Worte, aber damit hatte es sich auch. Heute würde man uns wahrscheinlich gleich ins Heim stecken. Wenn meine eigenen Kinder so was machten, würde ich sie im Keller einsperren.

Morgens waren Schüler und Berufsschüler bei Siggi unter sich, abends war es bunt gemischt. Der war Der Blaue Klaus, der immer im Anzug neben der Vitrine saß und dessen Lieblingswort »notabene« war. Da war Dieter, der hochgewachsene Krankenpfleger. Da war Christian S., nur einige Jahre älter als ich, aber mit einer Vorliebe für Hans Albers. Und da war Der Kreismeister, der eigentlich Wolfgang hieß und einen Laden betrieb, in dem man Pokale kaufen und Gravuren anfertigen lassen konnte. Seinen Beinamen hatte er sich verdient, weil er stets den Ehrgeiz hatte, mit den Strichen einmal rund um den Bierdeckel herumzukommen. Allerdings soff er sich nicht allein einmal herum, sondern spendierte die eine oder andere Runde und verlor beim Würfeln. Manchmal sogar absichtlich, hatte man den Eindruck, um seinem Spitznamen gerecht zu werden.

Wenn samstags die Sportschau lief, tat sich allerdings eine Kluft zwischen der Restkneipe und dem Kreismeister auf, war dieser doch ein glühender Anhänger der Borussia aus Mönchengladbach. Doch auch für die Spieler des VfL Bochum hatte er schon mal ein gutes Wort übrig. Nach einer besonders eindrucksvollen Parade des Bochumer Torhüters Ralf »Katze« Zumdick rief der Kreismeister Richtung Fernseher: »Ist die Katze gesund, freut sich der Mensch!«

Das Würfeln: Wenn nicht Skat oder Doppelkopf gespielt wurde, wurde geschockt, vor allem am Tresen, drei Würfel im Lederbecher, drei Würfe. Mit neunundzwanzig Deckeln, inklusive reizen, also Contra (Deckelzahl verdoppelt), Re (verdreifacht) und Bock (vervierfacht). Verlor man also bei Bock gegen eine Schwule Jule (Eins-Zwo-Vier, brachte einem ohne alles sieben Deckel), konnte man auf einen Sitz achtundzwanzig Deckel vor sich liegen haben. Höher war nur Schock Aus (drei Einsen), bei dem man sich gleich alle Deckel greifen konnte, von den Mitspielern mit einem lauten »Schock aus! Schock aus! Schock aus, aus, aus!« kommentiert. Das Spiel wurde in zwei Hälften gespielt. Hatten beide unterschiedliche Verlierer, kam es zum Stechen. Der endgültig Unterlegene hatte eine Runde zu geben.

Manchmal ging das sehr schnell, und man kam mit dem Saufen nicht nach. Dann stand schon mal Frau Wirtin daneben und sagte: »Watt soll datt denn werden? Biersuppe?«

Da war es dann meistens schon ziemlich spät, sodass ihr All-Time-Klassiker nicht lange auf sich warten ließ. Ging es auf ein Uhr zu und es krallten sich noch ein paar Unentwegte am Tresen fest, hieß es: »Habt ihr eigentlich keine Betten zu Hause?«

In seinen langen Jahren als Wirt hat Siggi eine Menge mitgemacht, deshalb brachte ihn so schnell nichts aus der Ruhe. Einmal hatte Mücke den Biersuppen-Vorwurf nicht auf sich sitzen lassen wollen und die abgestandenen Reste aus drei Gläsern sehr fix in sich versenkt, damit aber seinen Magen auf die Palme gebracht. Plötzlich wurde er kalkweiß, man konnte förmlich von außen sehen, dass sich

Speichel in seinem Mund sammelte, was ja immer ein schlechtes Zeichen ist. Mücke sprang auf, der Stuhl fiel um. Mücke hastete zum Klo, riss die Tür auf und versuchte, mit geblähten Backen die Kabine zu erreichen, als es plötzlich mit Hochdruck aus ihm herausplatzte und sich über den ganzen Kachelboden verteilte. Der Kreismeister stand am Urinal und kriegte ein bisschen was auf die Hosenaufschläge. Jetzt ist Mücke geliefert, dachte ich, jetzt kriegt er Hausverbot. Siggi aber baute sich im Türrahmen auf, betrachtete die Bescherung und sagte nur: »Da sind ja gar keine Grieben drin!«

Siggi war eine Berühmtheit an der Schule. Da konnte man nicht mithalten. 1985 gab ich anlässlich des 125-jährigen Schuljubiläums in einer Aufführung von George Bernard Shaws »Cäsar und Cleopatra« den Cäsar. Und als ich als solcher in einer Szene gefragt wurde, was ich denn zum bevorstehenden Gelage zu trinken wünschte, erlaubte mir mein Deutschlehrer, der als Regisseur das Sagen hatte, tatsächlich, »ein großes, kühles Pils« zu bestellen, und aus der Kulisse trat kein Geringerer als – Siggi. Die Begeisterung des unvorbereiteten Publikums (immerhin knapp sechshundert Leute) kannte keine Grenzen, und das Stück musste für mehr als fünf Minuten unterbrochen werden. Kaum hatten sich die Leute ein wenig beruhigt, sagte Siggi, mit einem unglaublichen Gespür für Timing: »Ja, schönschön!« – und wieder riss es alle von den Sitzen.

Bei der zweiten Aufführung sollte der gerade in der Schule anwesende Herbert Grönemeyer, der 1976 hier Abitur gemacht hatte, das Bier bringen, verzichtete dann aber. Er wusste wohl, dass er Siggi nicht toppen konnte.

Die große Sportfreund-Medaille mit Eichenlaub und Schwertern verdienten wir uns rund ums Abitur. Gegen Mittag waren wir mit Klausuren und/oder Prüfungen durch und spätestens ab dreizehn Uhr war Siggi-Zeit. Bis zu einem gewissen Punkt ist der Verzehr alkoholischer Getränke bei vollem Tageslicht eine schöne Sache, gibt es da doch diese nicht genau in Minuten zu fassende Zeitspanne, in der man alles sehr viel klarer sieht, die Konturen der Dinge geschärft erscheinen und die Nebel der Verwirrung sich vom menschlichen Dasein heben. Diesen Punkt hatten wir nach den Abiprüfungen gegen vierzehn, fünfzehn Uhr erreicht. Die Welt stand uns offen, wir hatten keine Probleme, wir fühlten uns leicht. Machte man dann weiter, konnte die Verwirrung eine besonders verworrene werden.

Wie am Tag nach unserer letzten Prüfung. Wir hatten bei Siggi angefangen, konzentriert und mit dem nötigen Ernst zu trinken, hatten geschockt und geflippert und dann in der Schule ein paar Eintragungen in den unvorsichtigerweise frei zugänglichen Klassenbüchern vorgenommen. Am frühen Abend waren Mücke und ich zu mir nach Hause gegangen, in mein Dachappartement. In jugendlichem Übermut stand uns der Sinn nach noch mehr Alkohol, auch wenn wir kaum noch geradeaus gucken, geschweige denn laufen konnten.

Ich klingelte bei meinen Eltern und schilderte meinem Vater die Situation, für die er erstaunliches Verständnis hatte. Der erste Abiturient in der Familie. Da konnte man schon mal einen drauf machen. Außerdem war ich fast zwanzig, da musste ich wissen, was ich tat.

Jedenfalls drückte mein Vater mir eine bauchige Flasche in die Hand, deren Etikett ich schon nicht mehr entziffern konnte. Ich stieg nach oben unters Dach, wo Mücke schon ungeduldig auf den Nachschub wartete.

»Ey kumma«, lallte ich, »Vattern hat mir ne Pulle Schnaps mitgegeben.«

»Guter Mann!«, meinte Mücke.

Ich holte zwei Pinnchen aus dem Schrank und dann gaben wir uns richtig die Kante – wurden aber nicht mehr besoffener. Aber das war ja auch irgendwie klar, wir hatten jetzt Abitur und waren nicht nur erwachsen, sondern richtig harte Kerle, nicht mal Schnaps konnte uns noch was anhaben. Später am Abend gingen wir noch mal zu Siggi, und da bricht dann die Erinnerung irgendwann ab.

Als ich am nächsten Mittag aufwachte, fand ich auf dem Tisch neben meinem Bett eine leere Flasche Mateus Rosé. Wir hatten uns mit Friseusenwein aus Schnapspinnchen abgeschossen!

Nach dem Abitur ging Mücke nach Berlin, ich aber hielt dem Sportfreund die Treue und erlebte bisweilen Momente tiefer Kontemplation. Zum Beispiel, wenn man unter der Woche nach Mitternacht in kleiner Besetzung am Tresen stand, das Licht in der restlichen Kneipe schon gelöscht war und nur die Fiege-Werbung über unseren Köpfen den Tresen erleuchtete. Nicht selten stand ich dort mit dem Blues-Schlagzeuger und Cineasten Ludger S., der früher den Filmclub an unserer Schule geleitet hatte und dann Geschäftsführer des Programmkinos »Metropolis« im Hauptbahnhof geworden war, wo er immer erst sehr spät Feierabend hatte. In solchen Momenten konnte es geschehen, dass Siggi, der nicht dafür bekannt war, reihenweise Freibier oder Schnäpse springen zu lassen, vor jeden von uns einen Asbach hinstellte. Dann hoben wir die Pinnchen andächtig zum Mund, lauschten eine Sekunde dem spärlichen Nachtverkehr auf dem Ostring und legten den Kopf in den Nacken. Ludger und ich gaben Geräusche des Wohlbefindens von uns, während der Brand sich die Speiseröhre hinunterarbeitete. Siggi betrachtete sein leeres Glas und sprach mit unbewegter Miene: »Und verschwand in der Wand!« Da war die Welt aber mal so richtig in Ordnung.

Anfang der Neunziger haben Anni und Siggi sich zur Ruhe gesetzt. Der letzte Abend war aber noch mal ein Ausrufezeichen hinter einer bemerkenswerten Geschichte. Selbstredend platzte der Laden aus allen Nähten, sogar aus München und Berlin waren Menschen angereist. Frau Wirtin hielt sich tapfer, aber Siggi saß die meiste Zeit im Hinterzimmer, nahm Geschenke entgegen und kämpfte mit den Tränen.

Um halb zehn war das Bier alle. Klar, wir waren zum Restesaufen gekommen, aber halb zehn war doch noch keine Zeit! Thorsten, dessen Eltern ebenfalls eine Kneipe hatten, ging mit dem Hut rum, alle gaben reichlich, Thorsten rief den Großhändler an, und der lieferte kurzfristig noch einen Hektoliter. Das überzählige Geld wurde in das Spendenschiff der Deutschen Gesellschaft zur Rettung Schiffbrüchiger gestopft.

Am Ende bemühte man sich um Andenken. Christian S., der Albers-Fan, soll sich den alten Tresen in den Keller gestellt haben. Auch der Stammtisch hat, vielleicht in irgendeiner Schrebergartenlaube, eine neue Heimat gefunden. Ich weiß nicht, wer sich den Flipper und den Spielautomaten unter den Nagel gerissen hat, aber ich frage mich, wieso ich mir nicht wenigstens den Kondomautomaten gesichert habe. Das Einzige, was sich heute in meinem Besitz befindet, ist ein Jägermeister-Flaschen-Aufsatz.

Am Ende waren wir alle so schön blau, dass es zum Heulen war. Und das taten wir dann auch. Siggi drückte mir fest die Hand. Wortlos angesichts der Größe des Augenblicks. Frau Wirtin sprach ein letztes Mal: »Habt ihr eigentlich keine Betten zu Hause?« Dann stand ich in dem schweren, dunkelroten Filzvorhang und warf einen letzten Blick zurück. Der Flipper blinkte, der Automat spielte eine Melodie, die Basketballpokale grüßten. Nur die Vitrine war leer.

Und die leere Vitrine verfolgt mich. Manchmal, wenn wir bei uns im Wohnzimmer sitzen und Doppelkopf spielen, will ich am liebsten in die Küche rufen: »Siggi, mannoma vier Frikas, vier Mett, einen Jungferntraum und ne Runde Asbach!«

Manche Dinge ändern sich eben nie: Watt der Mensch braucht, datt musser haben.

Ungesunde Getränke

Kürzlich im Regionalexpress zwischen Bochum und Dortmund: Alle Wagen sehr voll, Platz finde ich nur noch ganz hinten, da, wo die Klappsitze sind und die Leute mit Fahrrädern. Drei Plätze sind besetzt: Eine Frau mit Haaren wie Hanf und kleinen Kopfhörern im Ohr. Daneben ein Junge in sackigen Blue Jeans und einem schwarzen T-Shirt, auf dem in verwelkenden Lettern der Band Sepultura gehuldigt wird. Neben ihm eine Tasche aus LKW-Plane. In der Mitte des Wagens ein dunkelhaariger Mittzwanziger in engen Radlerhosen und dem grünen Trikot des Erstplatzierten in der Sprintwertung, ein Erik Zabel mit Bauchansatz.

Sepultura nimmt eine Flasche aus der LKW-Plane und bietet sie Zabel an. Der will wissen, was drin ist. Keine Ahnung, meint Sepultura, aber auf jeden Fall sei es ungesund – für Zabel Grund genug, einen tiefen Schluck zu nehmen.

Ja, ja, der Mensch und seine Vorliebe für ungesunde Getränke. Zwischen Dorstfeld und Dortmund Hauptbahnhof hänge ich sentimentalen Gedanken nach. Da waren zum Beispiel die Weine, die Ivo und seine Brüder im Keller selbst herstellten, und zwar in den Geschmacksrichtungen Banane, Ananas und Kirsch. Wohlgemerkt: Weine! Die Weine der Brüder hatten nur eine einzige Aufgabe, nämlich Schmerz und Elend zu erzeugen, und diese Aufgabe erledigten sie mit Bravour. Wer mehr als ein Glas von diesem Zeug zu trinken imstande war, der fand es auch toll, beim Sex in einer Lederschaukel zu hängen und von einer sechzigjährigen Domina mit einem Nagelhandschuh verwöhnt zu werden.

Und doch gewinnen diese Fruchtweine nur die Bronzemedaille bei der Olympiade der ungesündesten Getränke, die ich in meinem Leben zu mir nehmen durfte. Silber geht an den Johannisbeer-Obstler, den ein wegen Körperverletzung vorbestrafter Busfahrer meinen Eltern in der Schrebergartenanlage in Wiemelhausen zum Geburtstag schenkte. Monatelang stand der bei uns im Kühlschrank unangetastet herum, und jedes Mal, wenn mein Vater die Tür öffnete und auch nur daran dachte, von dem Zeug wenigstens zu kosten, zog ein selten gesehener Hauch von Angst über sein Gesicht. Er hat das Zeug dann dazu benutzt, im Keller eine alte Truhe abzubeizen.

Irgendwann wechselten meine Eltern in die Kleingartenanlage Engelsburg e.V., in Stahlhausen, und hier kollidierte ich im Zuge einer Geburtstagsfeier mit dem wohl auf ewig unangefochtenen Goldmedaillengewinner, was merkwürdige Flüssigkeiten angeht. Ein eher grobschlächtiger Gartennachbar meiner Eltern kam im Laufe eines zwanglosen Beisammenseins auf mich zu und sagte: »Samma, du hass doch studiert, ne?«

»Allerdings.«

»Dann trink ma dat hier, dat macht n Mann aus dir!«

Mit diesen Worten stellte er eine Cola-Flasche vor mich hin, die bis zum Hals mit etwas gefüllt war, das aussah wie der Himmel über dem Krupp-Gelände, an einem wolkenlosen, strahlenden Tag: sehr hellblau. Ich fragte, wie man das Zeug nenne, und der Nachbar sagte: »Dat? Dat ist Wodka Wick-Blau.«

»Entschuldigung«, gab ich zurück. »Ich habe Wodka Wick-Blau verstanden.«

»Genau darum gehdet, Junge.«

Wodka Wick-Blau wird folgendermaßen hergestellt: Man leere eine 1-l-Flasche Cola, Fanta, Sprite, Lift oder sonst was, spüle sie gründlich aus, kippe 0,7 l Wodka hinein und gebe eine Tüte Wick-Blau Hustenbonbons hinzu. Das Ganze lasse man ein paar Stunden stehen und schüttele es von Zeit zu Zeit gut durch – fertig!

Wie das schmeckt? Nun, schmecken ist hier sekundär, aber der Geschmack des Wodkas ist als eher rezessiv zu bezeichnen, jener der Hustenbonbons eindeutig als dominant. Und zunächst passiert auch mal gar nichts. Das erste Pinnchen rauscht in den Magen, und man hat den Eindruck, man muss nie wieder husten. Beim zweiten Pinnchen kommen einem erste Zweifel und nach dem dritten sieht man plötzlich die Tierchen im Rasen ganz groß, obwohl man sich gar nicht erinnern kann, umgefallen zu sein. Wodka Wick-Blau gehört zu den Getränken, die sich partisanenartig von hinten anschleichen und ihrem Opfer blitzschnell und beinahe lautlos den Garaus machen. Oder, um es noch deutlicher zu sagen: Wodka Wick-Blau ist vor allem für den ungeübten Trinker das, was Lee Harvey Oswald für John F. Kennedy war – eine sehr böse Überraschung.

Kurz bevor wir alle in Dortmund aussteigen, reicht Erik Zabel die Flasche an die Frau mit den Hanf-Haaren weiter. Sie schüttelt den Kopf, trinkt aber trotzdem. »Schmeckt wie Froschpisse!«, konstatiert sie ruhig, und ich springe durch die gerade sich öffnende Tür, bevor sie erzählen kann, woher sie den Geschmack kennt.

Payback

Die viel besungene Direktheit der Leute in unserer Gegend kann einem bisweilen auch ein bisschen auf die Nerven gehen. Mir ist zum Beispiel eine aufgesetzte, unehrliche Freundlichkeit an der Supermarktkasse eigentlich lieber als ehrliches Kotzbrockentum. Allerdings gingen einem dann bisweilen auch interessante Rabatte durch die Lappen:

Es ist Freitagnachmittag im dm-Markt und ordentlich was los. Die Schlange an der einzigen geöffneten Kasse zieht sich fast durch den ganzen Laden, der Geduldsfaden der Kunden ist zum Zerreißen gespannt. Heterogene Gruppen lassen sich – das lehrt die Soziologie – am besten durch einen gemeinsamen Feind zusammenschweißen. An diesem Nachmittag fällt mir diese Rolle zu.

Die Kassiererin hat diese ganz spezielle Kassiererinnen-Ausstrahlung, die besagt: Ich arbeite gern im Supermarkt – wenn da nicht die scheiß Kunden wären!

Ich lege meine Waren aufs Band. Sie zieht sie über den Scanner. Wer jemals mitbekommen hat, wie eine schlecht gelaunte Kassiererin einen Deoroller zwölfmal über den

Laser zieht und den Code dann doch von Hand eingeben muss, der zweifelt ein wenig an der Behauptung, Technik würde unser Leben vereinfachen.

Als ich bezahlen will, fragt die Weißbekittelte gelangweilt: »Hammse ne Payback-Kaate?«

»Nein.«

»Wollen Sie eine?«

»Nein danke, ist mir zu kompliziert.«

Die Frau reißt die Augen auf: »Ja, wollen Sie denn nicht sparen?«

»Wie meinen?«

»Sparen? Wollen Sie nicht sparen? Sie können hier Prozente machen! Und Prämien gibt's auch! Kaffeemaschine, Reisetasche, Fußball!«

»Haben wir alles schon, danke!«

Die Frau wird ernsthaft sauer: »Sie wollen nicht sparen?«

Da meine Laune auch langsam in den Keller sackt, mache ich eine Entgegnung, die ich im Nachhinein als unglücklich bezeichnen würde. »Herrgott, nein, ich will NICHT sparen, ich habe Kohle bis unters Dach!«

In der Schlange macht sich Unruhe breit. Die Kassiererin erhebt sich und ruft durch den ganzen Laden: »Der Herr hier will nicht sparen! Er hat keine Payback-Karte!«

Die Menge kann es nicht fassen: »Unverschämtheit! Sauerei! Arrogantes Arschloch! Dafür haben wir uns nach 45 den Arsch aufgerissen! Der soll erst mal richtig arbeiten gehen!«

Eine kleine alte Frau mit fahrbarer Einkaufstasche legt mir eine Hand auf den Unterarm: »Die Prämien! Denken Sie doch an die Prämien! Ich habe letzte Woche diesen

Fußball gekriegt! Ich wüsste gar nicht, was ich ohne den machen würde!«

»Kommsse getz ma in die Puschen, Graf Koks!«, schreit einer von ganz hinten.

»Watt kauft der eigentlich da?«, will ein anderer wissen.

»Kondome mit Goldlack? Nimm die scheiß Karte oder ich probier die Dinger an dir aus!«

»Okay, dann geben Sie mir so eine bescheuerte Payback-Karte!«

»Geht das auch freundlicher?«, will die Kassiererin wissen.

Eigentlich nicht. Zum ersten Mal seit fünfzehn Jahren greife ich auf einen Trick zurück, mit dem ich früher Frauen reihenweise rumgekriegt habe: Ich lasse mir Tränen in die Augen steigen und bettele förmlich um eine Payback-Karte.

Erst als ich endlich wieder im Auto sitze, fühle ich mich einigermaßen sicher. Beim Verlassen des Parkhauses leuchtet die Warnlampe der Tankanzeige auf. Ich lenke den Wagen zur Aral-Tankstelle an der Wittener Straße. Siebzig Liter passen in den Tank. Das dauert. Ich denke nach. An der Zapfsäule hängt ein Schild, dass man hier nicht telefonieren darf. Habe mal gehört, da könne es zu Verpuffungen kommen. Bin in der Stimmung, das auszuprobieren. Ich nehme die Zapfpistole heraus, beuge mich zum offenen Tank hinunter und rufe zu Hause an, wo sich nur der Anrufbeantworter meldet. Das wär jetzt was, wenn die später nur einen Knall hören und dann die Lebensversicherung kassieren können. Ich spreche auf den AB, dass ich gleich zu Hause bin und dass ich die Dinger mit Goldlack tatsächlich bekommen habe.

Die Kassiererin in der Tankstelle begrüßt mich mit einem Lächeln, das augenblicklich in sich zusammenfällt, als sie mein Gesicht mit einem gefaxten Foto vergleicht, das sie neben der Kasse liegen hat.

»Sie sind doch der Mann, der nicht sparen will! Die vom dm haben schon angerufen! Wissen Sie eigentlich, dass Sie schon für 200 Payback-Punkte plus achtzehn Euro Zuzahlung diesen unglaublichen Chronographen haben können? Brauchen Sie denn keinen Chronographen? Wissen Sie, wir normalen Menschen, die sehr gerne mal was sparen, wir können ohne Chronographen gar nicht leben! Und was ist mit Aktentasche, Portemonnaie, Regenschirm, Kulturbeutel und Saunahandtuch? Wie bitteschön wollen Sie ohne Saunahandtuch durch den Winter kommen? Ich habe schon gar keine Lust mehr, Ihnen unser leckeres Benzin zu verkaufen!«

Ich mache einen Diener bis zum Knie und schiebe ihr meine Payback-Karte über den Verkaufstresen.

»Na, also, geht doch!«

Ich weiß, dass mein Leben jetzt schöner werden wird. Nie wieder wird es mir an Aktentaschen oder Saunahandtüchern mangeln. Und wenn ich genug Punkte zusammenhabe, muss ich vielleicht nie wieder arbeiten.

"Och glaube, wir müssen das hochkant nehmen"

»Pack vor allem die Bücherkisten nicht so voll, sonst kann man sie nicht tragen und der Boden kracht raus!«

Wohnen kann jeder. Umziehen dagegen will gelernt sein. Zu keinem anderen Thema meinen so viele Leute klugscheißen zu müssen. Bei uns im Ruhrgebiet sowieso. Da selbst wir Kreativtypen alle irgendwo einen im Stammbaum haben, der mal richtig hart gearbeitet hat, hält sich hartnäckig der Glaube, man müsse alles selbst machen. Zum Beispiel eben umziehen.

Sagen wir mal, Sie hocken nun seit zehn Jahren in der gleichen, vor sich hin gammelnden Studentenbude und stellen plötzlich fest, dass Sie in einen Lebensabschnitt eintreten, in dem Sie eine funktionierende Toilettenspülung, kalkfreie Rohre und korrekt verlegte elektrische Leitungen, die über dem Sicherheitsstandard russischer Atommeiler liegen, nicht mehr als Ausdruck langweiligen Spießertums ansehen. Vielleicht kommen Sie auch endlich zu der Erkenntnis, dass es durchaus unüblich ist, den Silberfischchen im Bad Namen wie Fridolin oder Horst zu geben. In Ihnen keimt der Wille zur Veränderung.

»Pack vor allem die Bücherkisten nicht so voll, sonst kann man sie nicht tragen und der Boden kracht raus!«

Alsdann studieren Sie die Wohnungsanzeigen: »1 FH, Nähe Biggesee, zw. Attendorn u. Plettenberg, unverbb. ruh. Südhnglg., 140 qm Wfl., geh. Ausst., voll unterk., Grdst. 1359 qm v. p. zu *verk.*« Mal abgesehen davon, dass dieses Angebot Ihre finanziellen Möglichkeiten knapp übersteigt: Wer will schon zwischen Attendorn und Plettenberg auch nur tot überm Zaun hängen?

Sie bewegen sich wahrscheinlich mehr in diesen Regionen: »*Geräumiges 12qm-Dachzimmer mit vier Schrägen an heterosexuellen NR mittl. Alters. WBS erf. An Donnerstagen Küchenmitbenutzung möglich. 700 KM. Kaution 12 MM.*«

Irgendwann fangen Sie an, die Telefonnummern zu wählen, die hinter einigen dieser Top-Angebote abgedruckt sind. Nach dem zehnten Gespräch sind Sie zutiefst davon überzeugt, dass Sie ein nichtswürdiges, unwertes Geschöpf sind, ein Quälgeist, der unschuldigen, unter ihrem Immobilienbesitz schmerzhaft ächzenden Menschen freistehenden Wohnraum praktisch zum Nulltarif abschwatzen möchte, um eine saubere, helle, piekfein ausgestattete Luxuswohnung in einen schmierigen Treffpunkt für Fixer, Nutten, Schwule und Grüne zu verwandeln.

Zu einer dann doch vereinbarten Objektbesichtigung möchten Sie bitte je eine Harn- und Stuhlprobe mitbringen, eine HIV-Unbedenklichkeitsbescheinigung, ein polizeiliches Führungszeugnis, die Aufstellung all Ihrer Auslandsreisen seit Ihrem dritten Lebensjahr, die Lebensläufe Ihrer Familie und die Kontoauszüge der letzten acht Jahre. Da Sie die Spermaprobe dummerweise vergessen haben, werden Sie mit einem freundlichen Lächeln und dem neuesten Playboy aufs Klo geschickt.

»*Pack vor allem die Bücherkisten nicht so voll, sonst kann man sie nicht tragen und der Boden kracht raus!*«

Nachdem jedoch alle Hindernisse überwunden sind,

kommt der nächste Schritt, das Packen. Diese Gelegenheit sollten Sie nutzen, sich von überflüssigem Ballast zu befreien, der sich in den letzten Jahren angesammelt hat. Noch bevor Sie Umzugskartons besorgen, sollten Sie Müllsäcke anschaffen, und zwar in großer Zahl. Werfen Sie so viel wie möglich weg! Hängen Sie Ihr Herz nicht an nutzlosen Kram, nur weil eine Verflossene ihn mal in der Hand gehabt hat. Wenn Sie die vierte Kiste in den dritten Stock geschleppt haben, werden Sie sich selbst für alles danken, was sie weggeworfen haben.

In dieser Phase werden Sie von allen möglichen Leuten mit guten Ratschlägen totgeschmissen, von denen einer in unerträglicher Redundanz mit dem Gestus der Letzten Wahrheit ausgeschwitzt wird: »*Pack vor allem die Bücherkisten nicht so voll, sonst kann man sie nicht tragen und der Boden kracht raus!*«

Von den elf Leuten, die Ihnen bereitwillig ihre Hilfe und ihre Kraftwagen zum Transport angeboten haben, erscheinen am Umzugstage höchtens zwei, die keinen Führerschein haben und überhaupt an den Händen verletzt sind. Unbedingt zu empfehlen ist die Anmietung eines Kleinlasters, da die Behauptung »*Also, da paßt ne ganze Menge rein in meine Ente, und zur Not kann man ja das Handschuhfach umklappen!*« stets, sagen wir mal, mit Vorsicht zu genießen ist.

Haben Sie dann doch einige alte Bekannte unter Androhung der Aufkündigung der Freundschaft dazu gebracht, Ihnen zu helfen, entfährt denen beim Anblick der vielen Kisten ganz sicher der Satz: »*Hoffentlich hast du die Bücherkisten nicht so voll gepackt, sonst kann man die nämlich nicht tragen und der Boden kracht raus!*«

Der Umzugstag beginnt für die Helfer prinzipiell mit einer Pause. Das haben Sie geahnt und deshalb Brötchen, Fleischwurst, Cola, Bier und Kaffee in ausreichender Menge bereitgestellt. Es stellt sich Brotzeitstimmung ein, wie *nach* einer erfolgreichen Bergwanderung. Dann sind alle erst mal fressmüde und brauchen dringend zwei bis drei Zigaretten, um wieder auf die Beine zu kommen. In der Zwischenzeit haben Sie allein die ersten zwölf Kisten nach unten geschafft. Zögernd legen Ihre Helfer nach. Im Verlaufe der nächsten Stunden werden Sie immer wieder Sätze zu hören bekommen wie: »Die Teppiche kannst du doch wohl drinlassen!«, oder »Vielleicht sollten wir es mal durchs Fenster probieren …«, vor allem aber: »Ist noch Bier da?«

Richtig besorgniserregend und problematisch wird es jedoch erst, wenn der eine, schlimme Satz fällt, die Sentenz, die schon eine Zeit lang unausgesprochen über der ganzen Unternehmung geschwebt hat und die, sobald sie die Zungenspitze des Sprechenden verlassen hat, die Gesichter aller Anwesenden mit einem dunklen Verzweiflungsschleier überziehen wird, die Sentenz nämlich: *»Ich glaube, wir müssen das hochkant nehmen!«*

Dieser Ausspruch markiert den Punkt, an dem Sie sich wünschen, nie den Entschluss zum Wohnungswechsel gefasst zu haben, oder besser noch: niemals geboren worden zu sein. Es geht dann meist darum, etwas durch eine oder mehrere Türen zu bugsieren, die so schmal oder so verzwickt über Eck gebaut sind, dass der Transport von Stückgütern größer als ein Eierbecher einem Suizidversuch gleichkommt. Ebenso sicher wie der Umstand, dass es unmöglich ist, das betreffende Möbelstück an den vorgesehenen Ort zu platzieren, ist das Wunder, dass es doch funktionieren wird. Wie das vonstatten gegangen ist, wird nicht mehr zu klären sein, höchstwahrscheinlich aber verfügt einer Ihrer Helfer über parapsychologische Fähigkeiten, mit denen er die Gesetze der Raumzeit kurzfristig außer Kraft setzt. Merken Sie sich vor allem eins: Protestieren Sie nicht und fragen Sie nicht, wie das klappen konnte. Schweigen Sie und dulden Sie!

Und am Ende eines langen, entbehrungsreichen Tages hocken Sie in der neuen Behausung, um Sie herum leere Bierflaschen, der nagelneue Teppich schon versaut von den Resten des Nudelsalates, den Sie tonnenweise in die Helfer entladen durften.

Und wenn Sie ganz viel Glück haben, kommt genau dann einer der Umzugshelfer zu Ihnen, legt Ihnen eine Hand auf Ihre Schulter und sagt: »*Weißt du, was ich besonders prima fand? Du hast die Bücherkisten nicht so voll gepackt, die konnte man prima tragen und der Boden ist auch nicht herausgekracht!*«

Billich wird datt nich!

Der Kult des Selbermachens in unserer Gegend hat bei mir zu einem tief sitzenden Minderwertigkeitskomplex geführt. Na gut, der sitzt jetzt nicht so tief, dass ich irgendwann den Ehrgeiz gehabt hätte, mir echte handwerkliche Fähigkeiten anzutrainieren, aber letztlich brauche ich immer eine Ausrede, wenn ich Handwerker engagiere. Am liebsten führe ich Zeitmangel und körperliche Gebrechen an oder schiebe es gleich auf einen genetischen Defekt: »Hach, ich habe einfach zwei linke Hände!«

Mein Vater war Elektriker, konnte aber auch alles andere. Da er Selbstständiger mit einer winzigen Firma war, mussten Arbeiten in der eigenen Wohnung am Wochenende und sehr schnell erledigt werden. Da wurde zwischen Freitagnachmittag und Sonntagabend die ganze Wohnung tapeziert, und bot ich gleich zu Beginn meine Hilfe an, bekam ich den Satz zu hören, der den Heimwerker in mir im Keim erstickte: »Du hilfst mir am meisten, wenn du nicht dabei bist.« Auf Drängen meiner Mutter nahm er mich einmal doch mit auf eine Baustelle und ließ mich Kabel mit Kabelklemmen unter die Wände hämmern, musste aber hinterher wieder alles abreißen und neu verlegen.

Da ich schon als Kind immer nur staunend zuschaute, wie mein Vater Küchentapeten mit komplizierten Blumenmustern in den Modefarben der mittleren Siebziger kantengenau an die Wände klebte, war ich weitgehend verloren, als ich schließlich von zu Hause auszog und derlei selbst erledigen musste – aber nicht konnte. Okay, eine schon mit Raufaser tapezierte Wand weiß überzupinseln, das habe ich gerade noch hingekriegt, wenn aber das Pickelpapier erst noch angebracht werden musste, war ich verloren. Nicht zu reden von der Montage von Möbeln oder dem Anschließen von Herden an lebensgefährliche Starkstromleitungen.

Also musste ich ständig Freunde bitten, mir unter die Arme zu greifen, und revanchierte mich mit Hektolitern Freibier und diversen Tonnen Frikadellen und Kartoffelsalat, die Omma herstellen durfte. Und ich ließ mich beim Schleppen nicht lumpen. Außer wenn andere umzogen. Da überfiel mich dann schon mal kurzfristig eine schwere Magen-Darm-Verstimmung oder es kam ein wichtiger Auftritt in Süddeutschland dazwischen. Das hatte zur Folge, dass ich mich das betreffende Wochenende über in meine Wohnung einschließen und mir amerikanische Actionfilme reinschrauben musste, bis ich eine 45er Magnum mit verbundenen Augen hätte auseinanderbauen und wieder zusammensetzen können.

Da ich auf die Fachkräfte meines Vaters schon früh nicht mehr zurückgreifen konnte, holte ich mir irgendwann doch den einen oder anderen Handwerker ins Haus, ein Vergnügen, das etwa dem entspricht, das man beim Kontakt mit der Hotline der Telekom empfindet. Das, was dann folgt, lässt sich in den Top-Ten-Sätzen der Handwerkerei zusammenfassen:

1. »Geht nich!« (Erste Reaktion des Handwerkers, der eines Problems ansichtig wird.)
2. »Ja nun mal langsam!« (Zweiter Satz des Handwerkers, nachdem man die Nummer des Mitbewerbers gewählt hat.)
3. »Billich wird datt nicht!« (Dritter und vorletzter Satz des Handwerkers, der so tut, als ginge es beim Anschluss einer Steckdose um die Reparatur eines Warp-Antriebs.)

4. »Brauchen Sie unbedingt ne Rechnung?« (Vierter und letzter Satz des Vorgenannten.)
5. »Ich säg das Ding mal ab, wird schon kein Gasrohr sein!« (Vermutung des in Handwerksdingen vorgeblich bewanderten Studienkollegen, den man nur angerufen hat, weil man sich den Handwerker legal nicht leisten konnte und illegal nicht leisten wollte.)
6. »Ups!« (Reaktion des Studienkollegen ein paar Sekunden später.)
7. »Billig wird das nicht!« (Ausruf des Feuerwehrmannes nach der vorsorglichen Evakuierung der Straße während der Instandsetzung der angesägten Gasleitung.)
8. »Ich hab doch gesacht, datt geht nich!« (Fachmännisches Urteil des Handwerkers, den man dann doch wieder angerufen hat.)
9. »Getz habbich abba erssma ne andere Baustelle.«
10. »Abba eins sach ich Ihnen gleich: Billich wird datt nich!«

Vielleicht mache ich es einfach wie Udo Lindenberg und ziehe ins Hotel.

Der lachende Zahnarzt

Mein Zahnarzt ist ein bemerkenswerter Mann. Er ist von hier und mit dem hier üblichen, zupackenden Humor gesegnet. Meine Termine verlaufen meistens ungefähr so:

Es pocht im linken Oberkiefer. Als Beitrag zur Kostendämpfung im Gesundheitswesen erwäge ich eine Selbstoperation unter Zuhilfenahme einer Flasche Mariacron und einer alten Kombizange, will dann aber den Staat beziehungsweise meine Krankenkasse nicht aus ihrer Fürsorgepflicht entlassen und mache mich auf den Weg zum Doc.

Nachdem ich meine zehn Euro Eintritt bezahlt habe, muss ich nur wenige Minuten warten, bis die Show beginnt. Der Doc ist ein fröhlicher, rundlicher Mann mit rosigem Teint, der seinen Job unübersehbar liebt. »Ah, da isser ja«, sagt er, als ich hereinkomme, und reibt sich die Hände. Dann ändert sich seine Haltung und er sieht aus wie John Goodman in *The Big Lebowski*. Er formt mit Zeigefinger und Daumen eine Pistole, zeigt damit auf meinen Kopf und sagt mit tiefer Stimme: »Sie betreten eine Welt voller Schmerz!« – Worauf er sich gleich vor Lachen, wie man früher sagte: ausschütten muss. Ich warte, bis er sich die Tränen abgewischt hat, und will wissen, ob er heute schon jemanden umgebracht hat, um sich die Kopfprämie der Krankenkasse für die Eliminierung sozial unverträglicher Langzeitleistungsinanspruchnehmer zu sichern.

»Ach, der Tag ist noch lang. Aber Sie haben recht, der

Jaguar will betankt sein, das Segelboot poliert und der Hubschrauberlandeplatz am Haus braucht eine neue Asphaltdecke.« Er zwinkert mir zu. Ich weiß, er meint es nicht ganz ernst. Erst gestern sah ich ihn mit einer Tasse Suppe in der Hand aus der Bahnhofsmission kommen, wo mittwochs immer die Zahnärzte betreut werden.

Er setzt mich auf den Stuhl und ich schildere mein Problem. Der Doc hält mir die Nase zu, sodass ich automatisch den Mund öffnen muss. »Links oben sagten Sie? Der Rest sieht aber auch ziemlich schlimm aus.« Ein herzhaftes Lachen joggt durch seinen Körper. Die Zahnarzthelferin mit den schönen dunklen Augen über der Gesichtsmaske nickt mir zu, als wollte sie sagen: Wir machen Sie zwar nicht gesund, aber wir werden unseren Spaß haben.

Der Doc sieht sich nun doch die von mir reklamierte Stelle an. »Oh! Ganz großes Kino! Wenn man Horrorfilme mag! Und ich liebe sie! So, und jetzt wird erst mal gebohrt!«

Ich verlange eine Betäubung. Das Gesicht des Docs verfinstert sich. »Ach kommen Sie, seien Sie kein Weichei! Denken Sie auch an mich!«

Ich bestehe auf der Betäubung. Grummelnd gibt der Mann in Weiß nach, holt eine Spritze hervor, die mir vage bekannt vorkommt. Stimmt, gestern habe ich in einer Dokumentation gesehen, wie mit einem solchen Gerät ein Elefant schlafen gelegt wurde. Während wir darauf warten, dass das Mittel wirkt, stellen wir Gemeinsamkeit her, indem wir über andere Ärzte herziehen. Ich gebe zu Protokoll, dass ich vor allem Orthopäden für kriminelle Metzger halte. Der Doc lacht. Dann wird er kurz ernst und gibt zu bedenken, dass die Orthopädie aber auch ein weites

Feld sei. »Was glauben Sie, warum ich Zahnmedizin studiert habe! Da muss man sich nicht so viel merken. Die paar Zähne! Und wissen Sie was?« Eine weitere Lachböe durchtost ihn, und er muss sich am Stuhl festhalten. »Manchmal denke ich, ich hab die Zähne alle schon mal gesehen! Wirklich! Ich kenne die alle! Die Leute machen den Mund auf und ich denke: Euch hab ich doch schon mal gesehen! Nicht zu fassen!« Mühsam reißt er sich zusammen. »Entschuldigen Sie bitte!« Er verlässt den Raum. Seine Assistentin legt beruhigend eine Hand auf meinen Arm. Nebenan hört man den Doc schallend lachen und auf irgendwas eindreschen. Er kommt zurück. »So jetzt geht's. Wirkt die Betäubung? Ja? Na, fangen wir trotzdem an!«

Wie angekündigt wird jetzt erst mal gebohrt. In meinem Schädel breitet sich ein Geräusch aus, wie wenn man mit einem rostigen Nagel über eine Schiefertafel kratzt, nur viel schlimmer. Zwischendurch sagt der Doc Herrlich!, Großartig! und Wunderbar!

»Klingt fies«, merke ich an, als ich mir mal den Mund ausspülen darf.

»Das ist Musik in meinen Ohren!«, schwärmt der Doc.

»Na, Sie sehen doch bestimmt einmal die Woche den Marathon-Mann, was?«

»Ach, es gibt einfach so wenig gute Zahnarzt-Filme!« Richtig traurig ist er jetzt. »Obwohl, ein Kollege hat mir mal einen empfohlen. Amerikanische Ware. Echter Schocker: *Der Dentist*, zwei Teile. Hatte aber noch nicht das Vergnügen.« Und er erzählt mir, dass manche seiner Kollegen versteckte Kameras in ihren Behandlungsräumen installiert haben und die Filme dann in extra abgeschotteten

Internet-Foren kursieren lassen. »Äh, das hab ich jedenfalls gehört, hähä!«

Ganz nebenbei stellt sich heraus, dass bei mir eine Füllung gebrochen ist. Ich könnte eine neue kriegen, aber das wäre nur der halbe Spaß, sagt der Doc. Er empfehle, gleich reinen Tisch beziehungsweise Zahn zu machen und in einer ausgedehnten Wurzelkanalbehandlung den Nerv zu killen. »Dens rasa, wie der Lateiner sagt. Da spüren Sie dann gar nix mehr. Und Sie haben es doch nicht so mit Schmerz. Es hätte auch den Vorteil, dass der Zahn dann nicht mehr versorgt würde, porös wird und abbrechen kann. Hat auch was!«

»Doc«, sage ich, »wenn ich Ihnen eine Freude machen kann …«

»Großartig. Aber dafür wollen wir uns Zeit nehmen. Die schönen Dinge im Leben soll man genießen. Ich mach Ihnen da jetzt was Provisorisches rein, und dann kommen Sie nächste Woche wieder. Kleiner Tipp: Kaugummi, Storck-Riesen oder Nappo! Das sind so richtige Plombenzieher, und man erhält ein ganz famoses Schmerzgemälde. Also, wenn Sie sich mal was gönnen wollen …«

Ich gehe raus, eine Frau mittleren Alters geht hinein. »Ah, da issie ja!«, wird sie vom Doc voll der freudigen Erwartung begrüßt. »Manchmal frage ich mich, wieso ihr alle immer wiederkommt! Okay, ihr wollt es nicht anders. Wissen Sie, manchmal mein ich, ich hab die Zähne alle schon mal gesehen. Ehrlich, die Leute machen den Mund auf und ich denke: Euch kenn ich doch, ihr Brüder! Betäubung? Tut mir leid, der Kollege, der vor Ihnen dran war, hat alles verbraucht. Kleiner Scherz. Haha! Und wenn ich mir das so ansehe, kann ich nur sagen: Schlussverkauf! Alles muss raus! Wie? Ach was, es gibt so schöne Schnabeltassen ...«

Ich finde, zehn Euro sind für diese Show wirklich nicht zu viel.

Schwiegermutter

Ich führe ja eine glückliche Mischehe, will sagen: Meine Frau kommt nicht bei uns ausse Gegend, sondern aus Bayern, genauer gesagt aus Franken. Das hat zur Folge, dass bisweilen meine Schwiegermutter bei uns nach dem Rechten sieht. Denn sie macht sich Sorgen.

Man fühlt sich ja nie so sehr seiner Heimat zugehörig, wie wenn jemand von außen draufguckt und sagt, was er davon hält. Geboren und aufgewachsen in einem kleinen Dorf in der Nähe von Erlangen, ist sie mittlerweile der Liebe wegen wohnhaft in Burghausen an der österreichischen Grenze. Als ihre Tochter ihr 1998 mitteilte, dass sie einen Mann aus Bochum kennengelernt habe und beabsichtige, ebendort mit ihm zu leben, dachte sie spontan an einen schweren Fall des Patty-Hearst- oder Stockholm-Syndroms: Ein finsterer Typ mit Grubenlampe an der Stirn hatte ihre Tochter gekidnappt, und diese hatte sich nicht nur in ihr Schicksal ergeben, sondern redete sich auch noch ein, sie bleibe freiwillig bei ihm. Okay, das umschreibt ziemlich genau meine Flirt- und Anbahnungsstrategien, aber nach einiger Zeit wirkte meine Frau sehr glaubhaft. Das musste auch meine Schwiegermutter zugeben.

Doch Zweifel blieben. Tatsächlich gehört sie zu den Menschen, die sich zirka 1955 ein Bild vom Ruhrgebiet gemacht haben und danach mehr als vierzig Jahre lang keine Veranlassung sahen, daran Korrekturen vorzunehmen. Als sie zum ersten Mal zu uns kam, fiel wirklich der Satz, den ich am meisten hasse, wenn es um unsere Gegend geht: »Ihr habt aber viel Grün hier!« Es dauerte drei Jahre, bis Schwiegermutter endlich darauf verzichtete, zu ihren Besuchen einen ganzen Kofferraum voller Lebensmittel mitzubringen. Hätte sie eine Uniform getragen und zusätzlich Kaugummi und Lucky Strikes verteilt, hätte ich das Gefühl gehabt, sie habe mich auch noch vom Faschismus befreit.

Ich habe dann den Fehler gemacht, sie in den letzten Jahren hier in der Gegend herumzuführen und mit den Leistungen der Vorväter zu prahlen. Schau mal, der Landschaftspark Meiderich Nord – ist der Hochofen nicht beeindruckend? Und die Kokerei Zollverein! Ich habe nicht den leisesten Schimmer, was in einer Kokerei gemacht wird beziehungsweise gemacht *wurde*, aber sieht das nicht großartig aus? Und guck dir unsere Fußballstadien an: Hier bedeutet Fußball noch richtig was! Hast du übrigens gewusst, dass Gelsenkirchen eine höhere Arbeitslosenquote hat als viele ostdeutsche Städte? Wir müssen hier ernsthaft Kredite aufnehmen, um den Soli überweisen zu können! Aber ist der Gasometer in Oberhausen nicht absolut umwerfend? Kannst du dir vorstellen, dass allein in Oberhausen früher 120 000 Menschen im Stahl beschäftigt waren und heute kein einziger mehr? Eigentlich müssten das doch hier alles Slums sein. Haben wir das nicht toll hingekriegt mit dem Strukturwandel? Wir sind natürlich noch nicht fertig, wir werden nie fertig sein, aber weißt du eigentlich, dass die Geschichte der Solarenergie ohne Gelsenkirchen gar nicht möglich wäre? Das sind Zukunftsmärkte, die gehören uns, und wirklich, wir haben hier früher verdammt hart gearbeitet!

Die Seitenblicke, die meine Schwiegermutter mir bei diesen Gelegenheiten zuwarf, waren nicht anders denn als »spöttisch« zu bezeichnen. Du? Gearbeitet? Das hätte ich gerne gesehen.

Ihre Skepsis ventiliert sie nicht in Worten, sondern nonverbal, also klassisch passiv-aggressiv. Ihre Besuche gehen noch heute meistens so vonstatten:

Kaum angekommen, senkt sie, noch vor der Begrüßung ihrer Enkel, ihre Hände in die Erde unseres Gartens und ertastet den Reifegrad der beim letzten Mal gepflanzten Tulpenzwiebeln. Während des Begrüßungskaffees werden die Beete frisch gemulcht, die Rosen beschnitten sowie der geilwuchernde Efeu an der Mauer im hinteren Teil durch bloßes Anschreien zum Rückzug gezwungen. Später kocht sie uns ein Essen, von dem wir noch zwei Wochen zehren und jeden Tag mindestens drei befreundete Paare bewirten können. Während des Essens wischt sie Staub unter dem Sofa, weil ja am nächsten Morgen unsere Putzfrau kommt, und wie sieht das denn aus, wenn das Haus dann nicht sauber ist. Da Nachtruhe was für Waschweiber ist, repariert sie bis zum Morgengrauen noch den kaputten Trockner, entwickelt für meine Bibliothek endlich mal sinnvolle Ordnungskriterien und nimmt sich dann die pfeifende Heizungsanlage vor.

Stehen größere Umbauten an, wie das Einziehen einer neuen Wand oder die Verlegung eines neuen Bodens, überlassen wir ihr das Haus komplett und gehen Leute ärgern, die nicht so viel Glück haben.

Hätten wir in diesem Land mehr Frauen wie meine Schwiegermutter, könnten wir Männer endlich die Kinder kriegen.

Unterhaltung am Wochenende

Wieder voll da!

Wer unter der Woche hart arbeitet, der verschafft sich am Wochenende Ablenkung und Entspannung. Früher ging das nur in der Kneipe. Zum Beispiel beim Frühschoppen, wo es die Männer meiner Familie sonntags vor dem Mittagessen hinzog.

Mein Oppa mütterlicherseits suchte eine Gaststätte in der Nähe des Rathauses auf, deren offiziellen Namen ich vergessen habe. Mein Oppa nannte sie nur nach dem Namen des Betreibers, nämlich »Hasselkuss«. Vielleicht hieß es auch einfach nur »Haus Hasselkuss«, denn originelle Namen für Kneipen kamen erst sehr viel später in Mode.

Unter der Woche durfte ich manchmal mitgehen, wenn

mein Oppa sein Flaschenbier dort besorgte. Hasselkuss lag näher am Rathaus als die nächste Selterbude, außerdem konnte man hier ein, zwei Gezapfte kippen, während man auf die Flaschen wartete. Oppa stellte dann einen Fuß auf die Leiste am unteren Ende des Tresens und redete mit dem Mann dahinter, der seinen Haarschnitt direkt aus dem Krieg mitgebracht hatte. »Bürstenschnitt« nannte man so was ganz richtig, und man hätte Schuhe mit der Oberseite nach unten über diese Bürste ziehen können und die wären blitzeblank gewesen. Wahrscheinlich hätte man auch Biergläser auf diesen Borsten abstellen können und wäre damit bei »Wetten dass« groß rausgekommen, aber die Sendung gab es damals noch nicht, und bei »3 x 9« war so was nicht gefragt.

Mein Oppa väterlicherseits war regelmäßiger Gast im »Haus Walburg« an der Poststraße. Im Hinterzimmer soll er mit seinem Männergesangsverein geprobt haben. Da er starb, als ich etwa anderthalb Jahre alt war, habe ich ihn hier aber nie in Aktion erlebt.

Im Haus Walburg drehte aber wohl mein Onkel schwer auf. Den lernte ich später als eher ruhigen Vertreter kennen, der mit mir im Wohnzimmer Fußball spielte und es auf seine Kappe nahm, wenn ich eine Vase aus der Schrankwand schoss. Im Haus Walburg soll er das eine oder andere Mal in eine handfeste Hauerei verwickelt gewesen sein. Lange, lange nach seinem Tod traf ich den ehemaligen Wirt, der auf meine Frage nur kurz die Augen niederschlug und mit typischer Wirtsdiskretion sagte: »Ja, Ihr Onkel hat hier verkehrt.«

In die maskuline Welt des Frühschoppens tauchte ich

irgendwann Anfang der Siebziger mit meinem Vater ein, denn manchmal nahm er mich mit.

Anfangs ging es zum »Kachelofen«, in eine Kneipe an der Brückstraße, wo ein ebensolcher stand oder mal gestanden hatte, denn ich kann mich nur an den Namen erinnern, nicht aber an das Lokal und den Ofen. Unterwegs kamen wir an einem Spielsalon vorbei, noch heute ein beliebter Billard- und Automatensalon, und mein Vater sagte: »Da schmeißen die Verrückten ihr Geld zum Fenster raus!« Ich nahm das wörtlich. Ich dachte, so wie der Normalbürger zum Schwimmen ins Stadtbad ging, fand sich der Verrückte in diesem Spielsalon ein, stellte sich ans Fenster und warf sein Geld hinaus. Ich begriff nur nicht, wieso wir nicht einfach mal stehen blieben, um das Geld einzusammeln.

Eine Zeit lang ging es zum »Fridolin« am Westring, gleich neben dem Frisiersalon, in dem mir in unregelmäßigen Abständen ein kleingewachsener Mann in einem weißen Kittel mit schwarzem Kragen die Haare schnitt, wobei ich immer Angst hatte, er säbelt mir ins Ohr, nachdem ihm das tatsächlich einmal passiert war. Der »Fridolin«, benannt natürlich nach seinem Wirt, kam mir also wie ein sicherer Hafen vor, da nebenan der Blutfriseur, der Ohrenschnibbler lauerte und wir uns quasi nur in letzter Sekunde in die warme, dunkle Heimstatt mit der langen Theke flüchteten.

Dann aber hieß es irgendwann nur noch »Ich geh in' Schrebbergarten«, und damit war das Vereinslokal des Kleingartenvereins Engelsburg e.V. gemeint, obwohl meine Eltern mit dem Schrebern anfangs noch gar nichts am Hut hatten. Das Lokal lag mitten in der Anlage. Papa parkte den weißen Ford Granada, der auch als Geschäftsauto für seine kleine Elektroinstallationsfirma diente und deshalb immer voller Werkzeug und Material war, am Ascheplatz von Germania Bochum, und dann schritten wir durch ein hohes Tor, an dem oben ein Schild mit dem Namen der Gartenanlage angebracht war. Wir gingen an halbhohen, sauber geschnittenen Hecken, hinter denen unterschiedlich sorgsam gepflegte Gärten lagen, vorbei und mein Vater grüßte über die Hecken hinweg Männer, die ich nicht sehen konnte.

Hinter der Kneipe war eine betonierte, rot gestrichene Tanzfläche, auf der wir Kinder Fußball spielten, während unsere Väter am Tresen standen und knobelten. Zwischendurch gingen wir rein, bekamen eine Fanta oder einen Apfelsaft in einem Glas mit der Aufschrift »Schlör« und sahen den Männern beim Trinken, Reden, Rauchen und Lachen zu.

Da war zum Beispiel Murmann, ein großgewachsener, übergewichtiger Mann, der bei meinem Vater in der Firma als Monteur arbeitete. Er stand in dem Ruf, den bei uns sehr beliebten Spruch »Wer saufen kann, der kann auch arbeiten« besonders ernst zu nehmen. Einmal setzte mein Vater ihn morgens an einer Baustelle ab und trug ihm auf, in dem im Entstehen begriffenen Einfamilienhaus mit dem Verkabeln zu beginnen, er werde dann am Nachmittag dazustoßen. Als mein Vater gegen vierzehn Uhr ankam, war Murmann mit dem Verkabeln komplett durch – und auf den Stufen des Rohbaus standen zwei Dutzend leere Flaschen Kabänes, ein Kräuterlikör der halbbitteren Art.

Murmann trug auch am Wochenende Arbeitsklamotten, etwa eine blaue Latzhose, in der am rechten Bein ein Zollstock in einer schmalen Tasche steckte. »Ey, Murmann, watt willz denn damit ausmessen, am Sonntach?«, wurde er dann schon mal gefragt und gab dann etwas zurück wie: »Damit mess ich aus, wie bekloppt du biss!« Ein anderer: »Meinze zwo Meter reichen dafür aus? Der is doch bekloppt bis Castrop!«

Ich erinnere mich noch, dass Murmann mal eine Art Wendeplakette trug, die auf beiden Seiten beschriftet war. Die eine Seite war rot und forderte Mitmenschen dazu auf, Murmann jetzt bitte in Ruhe zu lassen. Die genaue Formulierung habe ich vergessen. Tatsächlich stand er dann auch stumm und einsam mitten im Getümmel und trank ernst und entrückt sein Bier. Die andere Seite war grün und in weißen Lettern stand drauf zu lesen: »Bin wieder voll da!« Trug Murmann grün, war er kommunikativ und gesprächig.

Ich selber war später nicht so sehr der Typ für den Frühschoppen, da ich in meinen Zwanzigern meist erst gegen Sonnenaufgang von irgendwelchen Partys oder aus dem »Macao« kam, und ein paar Stunden später schon weiterzusaufen, dafür arbeitete ich unter der Woche einfach nicht hart genug.

Eichhörnchen sehen

Am Wochenende geht man in Bochum gerne in den Stadtpark, der zu den wenigen Dingen in unserer Stadt gehört,
die objektiv schön sind. Sogar dackelfarbene Eichhörnchen gibt es hier. Manchmal beschleicht mich jedoch der
Verdacht, dass es nur ein einziges Tier ist, das von der
Stadtverwaltung ausgesetzt wurde, um Natur zu simulie-
ren.

Schon als Säugling wurde ich über die gewundenen
roten Wege geschoben, zum Beispiel von meinem Oppa
väterlicherseits, dem alten Bergmannschorsänger. Natürlich beugten sich zahllose Sechzigerjahre-Gesichter über
mich, mit viel Heititei und Guckdochmalwieeslacht, und
eine Spaziergängerin wollte wissen: »Wie heißt sie denn,
die Kleine?« Mein Oppa: »Gracia Patrizia!« Noch gut ein
Jahrzehnt später brachte mir diese auf Familienfeiern gern
vorgetragene Anekdote von anderen Kindern abschätzige
Blicke ein.

Für Kinder sieht ja immer alles viel größer aus, als es ist,
und so gab es auch für mich früher kaum einen Unterschied zwischen dem Bochumer Stadtpark und dem Delta
des Mississippi. Die Durchquerung dieses 1876 im Stile
eines Englischen Gartens angelegten Stücks organisierter
Natur war für mich auf meinen kurzen, dicken Beinchen
wie die Erstbesteigung eines Berges mindestens der Klasse
des Kahlen Astens. Das Füttern der Enten auf den beiden
Teichen war natürlich eine Sensation, auch wenn ich meis-

tens nur versuchte, sie mit den größeren Stücken am Kopf zu treffen.

An milden Sommersonntagen nahm mein Vater mich mit zum Rudern auf dem sogenannten »Gondelteich«. Ein Tretboot war ihm zu unmännlich. Ich wollte wissen, was wäre, wenn ich ins Wasser fiele, und mein Vater sagte, dann würde er hinterherspringen und mich rausziehen. Auch wenn er seinen besten Anzug anhätte? Auch dann, versicherte er mir, und noch heute hoffe ich, dass diese eine Sekunde des Zögerns vor seiner Antwort mit der schönen Frau zu tun hatte, die gerade am Ufer entlangging.

Im Winter war der Stadtpark Schauplatz erster Mannbarkeitsrituale. Vom Bismarckturm führte eine als »Todesbahn« berüchtigt gewordene Rodelstrecke abwärts bis zum Teich, und wer richtig bescheuert war, schoss da nicht nur bäuchlings auf seinem Schlitten bis zum Weg, sondern gleich bis aufs Eis. Als ich das versuchte, knallte ich nach wenigen Metern gegen einen hochstehenden Gully, der sich unter einer Schneewehe versteckt hatte, rollte vom Schlitten und schlug mit der Stirn gegen einen Randstein. Kommentar Mücke: »Nicht mal DAS kann er!«

Meine nächsten erwähnenswerten Erlebnisse im Bochumer Stadtpark waren eindeutig positiverer Natur. Oder, na ja, wie man's nimmt: Auf einer Wiese oberhalb des erwähnten Gondelteiches erhielt ich meinen ersten Zungenkuss zugesprochen und wusste doch nichts damit anzufangen.

Bald folgten die legendären Osterpartys in einer Kellerbar an der Blumenstraße, zu der jeder ein möglichst fantasievoll designtes Ei und zwei normal bemalte Hartgekochte mitbringen sollte. Um Mitternacht wurden die besten Entwürfe prämiert (wobei meine Kreationen stets besonderes Gelächter auf sich zogen, obwohl ich sie gänzlich ernst gemeint hatte), und danach zog man in den nahegelegenen Park, wo ein zweiköpfiges Versteckkommando die Hartgekochten unter Büschen, hinter Bäumen und in Astgabeln versteckte, während der Rest nach den Dingern suchen musste – ein schöner Vorwand, sich sinn- und planvoll zu betrinken oder hinter Rhododendren herumzuknutschen.

Man durfte es nur nicht in eine der beiden Richtungen übertreiben: Meine eindrücklichste Erinnerung in dieser Hinsicht ist noch immer die auf meinem Sofa liegende zweiundzwanzigjährige Ute H., die sich in regelmäßigen Abständen von etwa vier Minuten schlafend in eine auf ihrem Bauch stehende Spülschüssel erbricht. Haben Sie bisher gedacht, Spinatkotze sei ekelhaft? Nun, dann sollten Sie mal sehen, was dabei herauskommt, wenn jemand vorher etwa fünf Eier zu zwei Litern Fürst Metternich verdrückt hat.

Nach dem Abflauen der Osterpartys erlahmte mein Interesse für den Stadtpark einige Jahre. Heute gehe ich, nach fast drei Jahrzehnten Pause, wieder zum Entenfüttern und beobachte, wie der Thronfolger die Enten mit besonders harten Brotkanten zu erlegen versucht. Manchmal stehen wir auch einfach nur da und sehen dem Eichhörnchen in Diensten der Stadtverwaltung zu, wie es die Bäume hinaufwetzt.

Once upon a Sendeschluss

Eine beliebte Freizeitbeschäftigung war und ist auch bei uns in der Gegend das Fernsehen. Ich gehöre der ersten Generation an, die vom TV sozialisiert wurde, auch wenn sich unsere Fernseherlebnisse gegen das, was den jungen Leuten heute so geboten wird, geradezu läppisch ausnehmen. Ganze Begriffe sind aus der deutschen Sprache verschwunden, weil sich das Fernsehen verändert hat.

So traf ich beim fünfundvierzigsten Geburtstag einer guten Freundin am Büfett auf ihren sechzehnjährigen Sohn. Über Buletten und Nudelsalat glitten wir in ein Gespräch über Gerichtsshows im Fernsehen und kurz darauf versuchte ich dem Bengel das ihm völlig unbekannte Wort »Sendeschluss« zu erklären. »Was soll das heißen, Sendeschluss?« – »Naja, nachts gab es kein Fernsehen.« Der Jungspund sah mich an, als müsste mein geistiger Anlasser mal wieder durchgepustet werden. Nein, es gab keine sexy Sportclips, und keine zeigefreudige Wuchtbrumme schnauzte einen an, damit man anrief und ihr unmögliche Autonamen mit oder ohne A nannte.

Also fing ich an, dem Jungen zu erzählen, wie das früher war, in der Kreidezeit des Fernsehens, als man gerade mal drei Programme hatte, wenn überhaupt.

Früher war Fernsehen, wenn ein älterer Herr mit einer dicken Hornbrille »Nein« sagte und dann fünf Mark in ein Schwein steckte. Heute ist Fernsehen, wenn schon nachmittags um drei eine Vier-Tonnen-Matrone in Leopardenleggings bekennt: »Ich hatte Sex mit meinem Kanarienvogel! Jetzt finde ich ihn nicht mehr wieder!«

Damals, als die Telefone noch orange waren und die Waschbecken im Badezimmer dunkelgrün, gab es noch Fernsehen mit Gewissen: »Dalli Dalli«, donnerstags neunzehndreißig. Richtige Prominente wie Claus Wilcke alias Percy Stewart und Wolfgang Völz, der Butler von Graf Yoster, mussten in fünfzehn Sekunden sagen, was ihnen zum Thema »Topfpflanzen« einfiel. Mady Riehl sagte dann streng, aber charmant, sie müsse einmal »Blumenerde« streichen. Und Brigitte Xander sagte dann noch, was das alles in Schilling machte.

Bei »Dalli-Klick« wurde hysterisch in den Apparat gebrüllt, weil man schon beim ersten Ausschnitt wusste, dass auf dem Bild nur das »Medium Terzett« sein konnte. Dazu spielte das Jochen Brauer Sextett. Oder Heinrich Riethmüller, der auch die deutsche Musik für das »Dschungelbuch« gemacht hatte. Am Ende wurde das erspielte Geld einer Familie mit vierzehn Kindern vermacht, deren Vater bei einem Arbeitsunfall beide Beine verloren hatte. Dann sahen meine Mutter und ich meinen Vater so ganz komisch von der Seite an, aber der schüttelte nur den Kopf.

Sonntags lief eine meiner Lieblingsserien: »Bonanza« – toll. Ich wollte auch immer durch eine brennende Landkarte reiten, was mir später in der Schule einmal ziemlichen Ärger bereitete. Überhaupt die Cartwrights: die erste generationenübergreifende Männer-WG. Zwanzig Jahre, fast fünfhundert Folgen – und immer hatten sie die gleichen Klamotten an. Und die gingen nie aufs Klo. Und hatten nie etwas mit Frauen, waren aber immer auf der Ostweide. Damals gab es noch glückliche Kühe. Dwight Eisenhower sagte mal, als er schon nicht mehr Präsident war: »Die Cartwrights sind in Ordnung, die schießen nur von vorn!«

Western stecken bis heute tief in mir drin. Auf Partys setze ich mich bei Polonaisen gern an die Spitze, nur um einmal ungestraft ausrufen zu können: »Mir nach, Männer!«

Der eigentliche Fernsehgroßkampftag war aber der Samstag. Am frühen Abend lief eine Serie, die meines Wissens bis heute skandalöserweise nie wiederholt worden ist: »Das Haus am Eaton Place«. Hier stimmten noch die sozialen Zuordnungen, oben die Bellamys, unten die Hudsons und die Rubys. Ich galt eine Zeit lang als pervers, weil ich ein wenig in Rose verknallt war. Naja, immer noch besser als in Mrs. Bridges.

Kurz darauf kam die Sendung, die meine Generation bis ins Mark kulturell und ästhetisch versaut hat. Nein, nicht die »Hitparade«, obwohl das nah dran ist, sondern »Disco«. HallofreundehalloiljalichtausWRRROMM!spotan.

In der »Disco« konnte man diametral einander gegenüberliegende Eckpunkte populären musikalischen Schaffens bewundern. Es gibt zum Beispiel eine Sendung, in der tatsächlich Deep Purple auftraten, und zwar in der legendären »Mach-II«-Besetzung, also mit Ian Gillan, Ritchie Blackmore, Jon Lord, Roger Glover und Ian Paice. Die rückten an mit Haaren bis zu den Knien und Sonnenbrillen, die vor den Augen festgewachsen waren, und spielten »Smoke on the Water« oder »Highway Star«, gingen dann in die Garderobe und trafen da auf – Gaby Baginski! GABY BAGINSKI! Mit Deep Purple in einer Sendung!

Klammer auf: Überhaupt die Namen im Showbizz damals! Heute könnte man als »Gaby Baginski« nicht mal mehr einen Tisch im Restaurant reservieren. Und wahrscheinlich war das noch ein Künstlername. Da erhebt sich doch wohl die Frage, wie man real heißen muss, wenn man sich »Gaby Baginski« als Künstlernamen wählt. Oder Siw Inger! Siw! Wie sich das anhört! Na gut, die war Schwedin, aber »Siw« kann doch auch auf Schwedisch nichts Gesundes heißen! Klammer zu.

Um viertel nach acht dann wirklich große Unterhaltung: »Am laufenden Band«, mit der einzigen männlichen Assistentin im deutschen Fernsehen: Heinz Eckner. In dieser Sendung wurden Spiele knapp über Vorschulniveau absolviert und am Ende saß jemand vor dem titelgebenden laufenden Band und musste sich Sachpreise einprägen, die darauf angefahren kamen. Alles, was man sich merken und später aufsagen konnte, durfte man dann mitnehmen. Die Kaffeemaschine, den Heimtrainer, das Waffeleisen. Und wenn der Kandidat oder die Kandidatin die Preise aufzählte, lag die halbe Familie hysterisch zuckend vor dem Fernseher und schrie: »DAS FRAGEZEICHEN! DAS FRAGEZEICHEN! WAS WILL DIE DENN MIT DEM GLOBUS? DAS FRAGEZEICHEN!« Hinter dem Fragezeichen steckte immer ein Überraschungspreis, und das war natürlich irrsinnig spannend.

Und dann die Werbung! Wenn ein Haufen Leute in weißen Klamotten sich auf Heimtrainern abstrampelten, ohne zu schwitzen, dann wusste man fürs Leben: Banner bannt Körpergeruch. Männer waren immer im Einsatz. Zur Not liefen sie sich ein Loch in den Schuh, nur um an die Zigarette ihrer Wahl zu kommen.

Frauen dagegen hatten echt Probleme. Wenn sie zum Beispiel den falschen Kaffee kochten, dann stand der Mann enttäuscht vom Frühstückstisch auf und murmelte: »Der Kaffee schmeckt mir nicht, ich trinke den im Büro!« Helfen konnte hier allein die Krönung – wunderbar. Denn: »Mühe allein genügt nicht!«

Hart umkämpft war damals der Waschmittelsektor. Männer in Anzügen zogen durch deutsche Supermärkte und hielten vermeintlich unschuldigen Hausfrauen riesige, phallusartige Mikrofone unter die Nase, damit sie sich zum richtigen Pulver bekannten, Omo oder Dash? »Fakt« warb mit einer geballten Faust. Später wurde ein Politmagazin beim Mitteldeutschen Rundfunk danach benannt.

Gesellschaftliche Ächtung und familiäre Isolierung drohte Frauen auch, wenn sie den falschen Weichspüler benutzten. Und die Angst machte die Frauen paranoid. Ständig standen sie hinter der Tür und belauschten die Gespräche ihrer Lieben, und wenn sich mal jemand in seinen Sachen nicht »behaglich« fühlte, dann wuchs sich die Paranoia zu einer echten Verhaltensstörung aus: Die Frau stand plötzlich neben sich, nur etwas durchsichtig, und das durchsichtige Ich sagte zum verwirrten Ich: »Nicht jeder Weichspüler ist genau gleich. Nimm lieber Lenor!« Puh, wäre Muttern nicht so bekloppt, dass sie mit ihrem eigenen Spiegelbild sprach, hätte das richtig ernst werden können.

Ich habe das alles geglaubt, damals. Ich dachte, wenn

man die richtigen Schuhe anzieht, sieht man zwar aus wie ein schwarzer Lurch mit gelben Punkten, besteht aber dafür jedes Abenteuer bravourös. Man muss am Ende nur brüllen: »Salamander lebe hoch!«

Ich dachte auch, wenn man Apfel-Shampoo benutzt, wachsen einem irgendwann Äpfel auf dem Kopf, wie der Frau im Fernsehen. Allerdings glaubte ich auch immer, Mars mache tatsächlich mobil. Ich verschlang vor dem Sportunterricht fünf Mars und wunderte mich, dass ich nicht über die Hürden kam.

Später warteten dann die großen Enttäuschungen: Strahlerküsse schmeckten nicht besser als die von Colgate, und trotz Blendamed konnte es immer noch zu Blutspuren am Apfel kommen. Schlehenfeuer machte genauso besoffen wie hundsgemeiner Doppelkorn, und auch Kosakenkaffee ließ einen kein Leben voller Abenteuer auf dem Rücken feuriger Rappen führen, während im Hintergrund hektische Musik lief. Und von wegen: Mit Tosca kommt die Zärtlichkeit! Höllisch gebrannt hat das!

Der sechzehnjährige Sohn meiner fünfundvierzigjährigen Bekannten sah mich mittlerweile an, als würde er mich am liebsten im Rollstuhl in ein stilles Zimmer schieben, damit ich stundenlang aus dem Fenster starren konnte. Ich gebe zu, ich kam mir ein bisschen vor wie Oppa, der vom Krieg erzählte. Ich nahm mir noch eine Frikadelle und sagte, mit einem Wort wie »Testbild« müsse ich ihm gar nicht mehr kommen, aber als ich mich wieder umdrehte, hatte der Bengel mich einfach stehen lassen. Eine fremde Frau ungefähr in meinem Alter starrte mich an, weil sie dachte, ich rede mit mir selbst.

»Sie werden es nicht glauben«, sagte ich, »aber wenn man früher lange genug wartete, dann gab es sogar Schnee im Fernseher!«

Über ihr Gesicht glitt ein Lächeln, das ebenso von innigem Verstehen kündete wie von tiefem Mitleid.

Datt gibbet nur bei uns!

Fußball ist bei uns im Ruhrgebiet nicht nur unsere liebste Wochenendbeschäftigung, sondern vor allem das Feld, auf dem wir unsere Rivalitäten ausleben. Als Außenstehender kann man sich das nicht vorstellen, was das heißt und zu welchen Konflikten das führen kann. Da gönnen die Blau-Weißen den Schwarz-Gelben nicht den Kohlenstaub in der Arschritze, und zwischen dem einen Blau-Weiß und dem anderen Blau-Weiß ist es auch nicht besser. Bisweilen geht der Riss mitten durch die Familie.

Von einem besonders schlimmen Schicksal mussten wir erst kürzlich bei uns in Block B hören. Das erste Heimspiel der neuen Saison dient ja immer dazu, sich gegenseitig auf den neuesten Stand zu bringen, was die eigene Entwicklung in den letzten Monaten angeht. Zwischendurch geht immer einer Bier holen und zeigt sich gerade zu Beginn der Spielzeit besonders spendabel, wegen der Euphorie und des schönen Wetters und um einen guten Eindruck zu machen. Einen neuen Rekord stellte indes ein Sportkamerad auf, der intern »der Cherusker« genannt wird. Mit nicht weniger als zwölf Getränken auf den Händen kam er plötzlich vom Bierstand zurück, sieben in der linken, fünf in der rechten Hand, immer ordentlich die Bechergriffe ineinandergestellt. Fröhlich lachend verteilte der Superkellner das kostbare Nass unter den Dürstenden.

»Schönen Dank auch«, sprachen wir, »aber was ist los?«

»Jungs, ich bin im Juli Vatta geworden!«

Selbstredend hatte der Cherusker den Zeitpunkt der Empfängnis so abgepasst, dass die Niederkunft zwischen die Spielzeiten fallen musste. Da galt es dann nur noch Trainingslager und Testspiele im Auge zu behalten, aber ein Restrisiko bleibt eben immer.

»Saubere Arbeit«, hieß es, und: »Planung is eben allet im Leben!«

Doch das Lachen blieb uns allen im Halse stecken, als wir erfuhren, welch schlimmes Schicksal den Cherusker, vor allem aber seinen Nachwuchs ereilt hatte. Sein Humor war nur noch eine maskenhafte Fröhlichkeit im Angesicht des Grauens, und mittlerweile fragen wir uns alle, wie man unter diesen Bedingungen überhaupt leben kann. Aber der Reihe nach.

Zunächst lief alles prima. Während der Schwangerschaft wurde der Cherusker, ein ebenso leidenschaftlicher wie kenntnisreicher Biertrinker und eben deshalb kompromissloser Anhänger der örtlichen Marke, von seiner Frau gefragt, ob er etwas dagegen hätte, den gemeinsamen Sohn nach dem Gründer ebendieser Brauerei zu nennen. Fairerweise sei gesagt, dass ihr diese Parallele nicht klar war. Die Tür, die sie einrannte, war allerdings weit geöffnet. »Ein Sohn, der heißt wie dein Bier!«, hieß es bei uns im Block nicht ohne Neid. »Datt kann man sich merken!«

Nun kam der Bengel an einem Sommermorgen um 8:30 Uhr auf die Welt. Gegen elf Uhr am gleichen Tage wurde der Bruder des Cheruskers auf der Geschäftsstelle des VfL vorstellig, um das Kind ordnungsgemäß anzumelden. Kurz darauf der Schock: Er war zu spät gekommen. Schon eine Stunde zuvor hatte die Schwiegermutter (!) das Kind bei Schalke 04 angemeldet! Noch nicht standesamtlich registriert, aber schon Mitglied in zwei Vereinen! Naja, eher Mitglied in einem Verein und einer kriminellen Vereinigung, aber egal.

Die fassungslose Stille, die sich beim Spiel gegen Wolfsburg nicht nur wegen des Ergebnisses, sondern vor allem wegen dieser Geschichte in Block B ausgebreitet hatte, wurde von einem der Beisitzenden mit den Worten gebrochen: »Dat muss ja ne Granaten-Olle sein, wenn der dat mit der aushält!«

Und mein Kumpel Scotty hob die Angelegenheit auf eine allgemeine Ebene: »Ehrlich, datt gibbet nur bei uns inne Gegend!«

Wir alle haben versprochen, bei der sittlichen Erziehung des Jungen zu helfen und halten ihm jetzt schon mal einen Platz in unserer Mitte warm.

Spielen statt arbeiten!

Und wenn man den Leuten dann endlich klargemacht hat, dass der Himmel über der Ruhr längst wieder blau ist; dass es Menschen hier gibt, die durchaus grammatisch unbedenkliche Sätze hinkriegen – wenn sie es wollen; dass wir mehr als Currywurstpommes auf dem Speiseplan haben, bisweilen sogar rohen, japanischen Fisch; wenn man also all diese Klischees als das entlarvt hat, was sie sind, Klischees eben, dann lebt eines immer noch fort, die Vorstellung nämlich, dass Fußball im Ruhrgebiet nicht gespielt, sondern GEARBEITET wird. Und dass die Fans das auch so WOLLEN!

Stellvertretend für meine Stadionkolleginnen und -kollegen aus Block B, also für Scotty, den Bootsmann, den Coach, Aule, den Cherusker und seine zwei Brüder, Babs und Bärbel und Cossi und nicht zuletzt meine beiden Söhne, rufe ich Fußballdeutschland von dieser Stelle ein energisches

NEIN!

entgegen. Auch wir wollen schönen Fußball sehen! Wir lieben und wir fordern das gepflegte Kurzpassspiel, traumhaft sichere Kombinationen, bei denen der überforderte Gegner nur noch mit dem Kopf schüttelt. Wir verzehren uns nach Lupfern, Beinschüssen und eleganten Dribblings, nach No-Look-Pässen aus dem Fußgelenk, nach Hackentricks brasilianischer Prägung! Auch wir stöhnen auf vor Begeisterung, wenn unser Mittelfeldregisseur den Ball mit der Brust stoppt, ihn mit dem Knie über den verdutzten Gegner hebt und die Pocke gleich volley in den Winkel jagt! Wir applaudieren, wenn unser Stürmer einen genialen Pass über vierzig Meter mit dem Fuß ansaugt, ohne dass der Ball auch nur fünf Zentimeter vom Schuh springt!

Klar ist auch: Wenn das mit dem Zauberfußball nicht hinhaut, weil der Gegner besser ist, das Gras zu hoch oder das Wetter zu schlecht, dann wollen wir, dass die Wiese brennt, dass die Jungs sich den Arsch aufreißen, keinen Ball verloren geben und so lange rennen, bis sie unters Sauerstoffzelt müssen, denn sie werden verdammt gut dafür bezahlt, aber:

DAS LIEGT NICHT DARAN, DASS UNSERE OPPAS IM BERGBAU ODER IM STAHL GEARBEITET HABEN!

Denn das will auch der Fan in Braunschweig, Bremen oder Berlin, in Freiburg, Frankfurt oder Fischbach, in Düsseldorf, Dresden oder Darmstadt! Auch im Ruhrgebiet heißt es Fußball SPIELEN!

Ich hoffe, das haben wir jetzt ein für alle Mal geklärt!

Der Salon des kleinen Mannes

Was dem gebildeten Bürgertum des neunzehnten Jahrhunderts sein Salon war, ist dem vom Proll mit Klo auf halber Treppe zum Kleinbürger mit Eigenheim aufgestiegenen Ruhrmenschen der Partykeller – der Salon des kleinen Mannes. Unsere Familie hatte keinen. Wir fielen in die dritte Kategorie: Handwerker mit Schrebergarten, aber das ist, im wahrsten Sinne, eine andere Geschichte.

Die Gestaltung des unterirdischen Festareals ließ bisweilen besorgniserregende Rückschlüsse auf die Persönlichkeitsstruktur seiner Betreiber zu. Grundsätzlich würde ich zwischen drei Arten von Partykellern unterscheiden.

Sehr beliebt war die Variante, die sich im Keller des Reihenendhauses von Pommes' Eltern fand: holzgetäfelt vom Boden bis zur niedrigen Decke, aufgehübscht mit den signierten Autogrammkarten von deutschen Schlagerstars, die Pommes' Vater mit verzweifelter Leidenschaft sammelte. Herr Jendritzki arbeitete bei der Stadtverwaltung im Planungs- und Katasteramt, was wahrscheinlich eine so dröge Angelegenheit war, dass er im Privatleben ein wenig Spannung und Romantik brauchte. Damals habe ich das so hingenommen, aber im Nachhinein macht man sich so seine Gedanken, wenn man sich daran erinnert, wie ein verheirateter Mann umflorten Blickes mit den Fingern über ein unterschriebenes Porträtfoto von Freddy Breck streicht. Überhaupt waren die Männer in dieser Sammlung eindeutig in der Überzahl: Rex Gildo, Roy Black, Costa

Cordalis, Bernd Clüver, Erik Silvester, Bata Ilic. Von Letzterem dachte ich lange, er verkaufe eigentlich Schuhe, weil es an der Hans-Böckler-Straße ein Schuhgeschäft »Bata« gab. Und dann hatte er auch noch »Sand in den Schuhen aus Hawaii«! Aber na gut, er war mit seiner Bala-lala-leika auch der König von Jamaika und betrieb trotzdem keine Musikalienhandlung.

Das Foto von Cindy und Bert markierte die Schnittstelle, und an Frauen fanden sich solche Granaten wie die Erfinderin des Drogentodschlagers, Juliane Werding. Oder auch Nana Mouskouri, die mit ihrer maskulinen Hornbrille auch schon wieder neben den mit seiner Haartolle eher feminin wirkenden Freddy Breck gepasst hätte.

Diesen Partykeller tagsüber quasi als Museum anzuschauen hatte schon was Perverses. Pommes' Eltern mit Freunden darin feiern zu sehen, war unheimlich. Leider erinnere ich mich noch sehr deutlich an den April 1980. Im Jendritzki'schen Wohnzimmer gaben Spüli, Pommes, Mücke und ich uns die Rocknacht mit The Blues Band, Joan Armatrading und Ian Hunter. Während Paul Jones sein »BOOM! BOOM!« in die Grugahalle brüllte und das Publikum vor der Bühne sowie vier pubertierende Jungs vor einem Fernseher in Bochum »OUT GO THE LIGHTS!« antworteten, cool mit dem Kopf wippten und in abgehangener Professionalität imaginäre Instrumente bearbeiteten, schwappte über die Kellertreppe ein vielkehliges »Griiiechischer Weiiiin! Ist so wie das Blut der Erde! Schenk noch mal eiiiin!« nach oben. Mit der gleichen Angstlust, die man bei Horrorfilmen empfindet, dachten wir uns: Das muss man gesehen haben! Eine Meinung, die wir revidierten, als wir drei Männer in Socken auf dem Boden sitzen sahen, die sich umarmten und gegenseitig Bier aus einem Stiefelglas einflößten. Einer davon war Pommes' Vater. Spätestens da wurde mir klar: Wenn die Aufregung im Job im reziproken Verhältnis zum Ausflippen auf einer Keller-party steht, dann kommt eine Verwaltungslaufbahn für mich nicht in Frage.

Strahlte das Fetenverlies der Familie Jendritzki durch den Einsatz heimischer Holzarten noch etwas Warmes aus, hatte der Partykeller der Eltern von Matze Danner den Charme eines Operationssaales. An den Wänden weißer Strukturputz, auf dem Boden quadratische weiße Boden-fliesen, die zur Raummitte ein leichtes Gefälle in Richtung eines Abflusses mit Schmutzfanggitter aufwiesen. Wozu der gut war, machte uns Vater Danner vor der ersten Party, die wir dort feiern durften, in aller Deutlichkeit klar. Er wartete, bis etwa die Hälfte der Gäste erschienen war, und unterwies uns bei ungemütlicher Neonbeleuchtung in der Nutzung des Kellers: »Ihr könnt hier alles machen. Nur keine Kinder, hähä! Also, der Tresen ist mit einem T-Träger im Boden verankert, die Barhocker sind fest montiert auf Stahlsäulen, die einen halben Meter ins Erdreich runterrei-chen. Ey, hier kann vor dem Haus ne Atombombe hochge-hen, dann sind wir alle nicht mal mehr Asche, aber ich sach euch, der Tresen und die Hocker bleiben stehen. Wer beim Tanzen allerdings dagegenfliegt, handelt sich nen Schädel-bruch ein! Da hinten das Klo hat ein Kotzbecken. Drunter stehen noch zwei Eimer, die benutzen wir bei unseren Fei-ern auch immer. Und wenn ihr es bis zum Klo nicht mehr schafft – auch egal. Den ganzen Raum kann man absprit-

zen. Und neben dem Klo steht auch ne Gummiflitsche, damit könnt ihr alles in den Ausguss schieben und hinterher
nur die groben Sachen oben vom Gitter puhlen.«

Wir waren fünfzehn, hatten höchstens zweimal von
einem Bier genippt und wussten jetzt mehr, als nötig war.
Dann wollte Vater Danner noch wissen, ob wir »Pariser«
hätten. Wenn nicht, könne er uns auch da aushelfen,
schließlich solle so eine Feier außer Kopfschmerzen nicht
auch noch zweibeinige Folgen haben. »Hammwa allet
schon erlebt. Oder watt meint ihr, wie unser Matze inne
Welt gekommen is?« Mit fünfzehn sind einem Eltern ja
immer peinlich, aber Herr Danner, der mit Gebraucht-
wagen zweifelhafter Herkunft zu Geld gekommen war,
setzte da noch mal ganz neue Maßstäbe.

Als wir dann die Neonbeleuchtung wieder ausgeschal-
tet und mit farbigen Tüchern über im Raum auf dem
Boden verteilten Tischlampen eine adäquate Früh-Acht-
ziger-Feten-Stimmung hergestellt hatten, dauerte es doch
eine Weile, bis wir so richtig in Fahrt kamen. Noch beim
Klammerblues zu vorgerückter Stunde (was damals etwa
21:30 Uhr hieß) waren wir etwas gehemmt, da wir uns
nicht ausmalen wollten, wieso die Gummisohlen unserer
Puma-Turnschuhe auf den weißen Fliesen immer wieder
festpappten. Wenigstens wurde man nicht von Michael
Holm angegrinst, während man versuchte, seine schon bei
den ersten Takten irgendeiner Schnulze in Sekunden-
bruchteilen ausgeklappte Erektion zu verbergen und trotzdem mit der Wange nah genug am Gesicht der Partnerin
zu bleiben, falls sie spontan auf die Idee käme, einen dorthin zu küssen. Sicher hätte man auch nichts dagegen ge-

habt, hätte sie einem die Hände auf den Hintern gelegt, um besagte Erektion an sich zu drücken, und dann wäre es auch egal gewesen, wer dazu gegrinst hätte, aber so was passierte ja nicht mal im Bravo-Fotoroman.

Die dritte Art des Partykellers gab es bei Nicole zu bewundern, die mit ihren Eltern (Vater selbstständiger Versicherungskaufmann, der sich das Büro von seiner Frau führen ließ) in einem Mietshaus in Wiemelhausen wohnte. Hier wurde einfach das familiäre Kellerabteil leer geräumt, was immer eine Heidenarbeit machte, sodass Nicole eher selten Partys gab. Dafür war es dann aber auch schön eng, was dem eigentlichen Zweck der Zusammenkünfte, nämlich der körperlichen Annäherung zwischen den Geschlechtern, Vorschub leistete. Da die Hausgemeinschaft einigermaßen entspannt war, durften im Kellergang die Tische mit den Frikadellen und den Nudelsalaten aufgebaut werden. Und auch ein oder zwei Sofas, auf denen man sich vom Tanzen ausruhen und wie zufällig (weil die Dinger aber auch total durchgesessen waren) auf das Ziel seiner Wünsche zurutschen konnte. Wobei »rutschen« auch noch das falsche Wort ist. Man sollte eher von »Zielräkeln« sprechen.

Stimmung kam in die Bude durch eine aus heutiger Sicht steinzeitliche »Lichtorgel«, deren drei Lampen rot, gelb und grün blinkten, wenn auch nicht unbedingt im Takt der Musik. Die wiederum kam aus einer bemerkenswert teuren Anlage, bestehend aus Dual-Plattenspieler, Denon-Verstärker und Yamaha-Boxen, die Nicoles Vater zur Verfügung stellte, um einerseits anzugeben wie ein Teenager und um andererseits einen Grund zu haben, ständig im

Keller aufzutauchen, um sich zu versichern, dass der Edel-Anlage nichts passierte.

Mücke gefiel das nicht. »Ich glaub«, sagte er mal bei einer solchen Gelegenheit, »ich pinkel ihm mal in seine teuren Boxen, dann hat er wenigstens einen Grund, so doof zu gucken.«

Glücklicherweise nahm Mücke davon dann doch Abstand und inspizierte dafür die aus dem Keller ausgelagerten Kisten und Kartons, in denen er dann auch auf ein paar alte Familienfotos stieß, die Nicoles Eltern als Anhänger der Freikörperkultur outeten. »Guck dir das an!«, schwärmte Mücke. »Ich würde sagen, du hältst dich an die Tochter und ich mach mal die Mutter klar. Bei dem Schrumpel-Eumel ihres Gatten hat die Frau seit Jahren keinen Spaß mehr gehabt.«

Partys fanden eigentlich ständig statt. Manche in solchen Kellern, andere in Garagen, in Gemeindezentren, beim BdkJ, in Versammlungsräumen der SPD, in der Pausenhalle der Schule, dem elterlichen Schrebergarten oder am Kemnader Stausee. Aber so richtig stilecht waren sie eigentlich nur im Salon des kleinen Mannes.

Gartenarbeit

Da wir zu Hause nicht mal einen Balkon hatten, wurden auch meine Eltern irgendwann zu Jüngern Schrebers. Da war ich aber schon dreizehn oder vierzehn, und das Beste am Schrebergarten meiner Eltern war die Tatsache, dass ich am Wochenende dann meistens sturmfreie Bude hatte, weil sie nicht selten nach ausgiebigen Geselligkeiten gleich dort übernachteten.

Weder mein Vater noch meine Mutter hatten den »grünen Daumen«, deshalb war Nachbar Theo für sie so wichtig. Der wusste, wann man welche Blumenzwiebel in der Erde versenkte, wann man welchen Strauch zu beschneiden hatte und ab welcher Halmlänge das Gras anfing, sich unwohl zu fühlen. Mein Vater revanchierte sich mit bisweilen halblegalen Elektroinstallationen, Aushub- und Maurerarbeiten.

»Nä«, meinte Theo noch viele Jahre später, als ich meine Eltern schon nicht mehr fragen konnte, »der geborene Gärtner war dein Vatta nich. In nem Zeuchnis hätte man geschrieben, er war immer stets bemüht, und wir wissen ja, datt datt heißt, er hatte kein Plan von nix, is abba wenichstens nich frech geworden. Und einen guten Gastgeber isser gewesen, da kann man nix sagen. Da war immer genuch zu trinken da und deine Mutter hatte Salate gemacht, die man essen konnte, also da lass ich nix drauf kommen.«

Ich erinnere mich, ab und an dabei gewesen zu sein.

Deutschsprachiges Liedgut dröhnte dann aus Lautsprecherboxen aus der Laube, die an ein Vier-Spur-Tonbandgerät angeschlossen waren. Stundenlang Roland Kaiser, Michael Holm, Gunther Gabriel.

»Nur den Heino, den konnt' dein Vatta nich leiden. Der hat dem nich getraut wegen der Sonnenbrille. Dem kann man nich inne Augen gucken, und datt mochte dein Vatta nich. Und deine Mutter hatt ja auch nix gegen so englische Sachen, also Elvis und so watt. Da wurd' dann schomma getanzt, und nich nur auffe Tanzfläche, nä, au schomma aum Tisch. War ne schöne Zeit.«

Eigentlich aber hat der Ruhrmensch seinen Schrebergarten, damit er auch am Wochenende was zu arbeiten hat. Ein Kleingarten ist ein ewiges »Work in Progress«, ständig im Werden begriffen, niemals vollendet.

»Jau, watt waren wir früher hier am wulacken gewesen, dein Vatta und ich! Ich weiß gar nich, watt der mir allet für Leitungen verleecht hat, aber ich bin mir sicher, datt ich von den Stromanschlüssen her auch Raumfahrtmissionen von hier aus steuern könnte. Datt is heute nich anders. Kumma da hinten der olle Korten, der hat auf seine alten Tage noch mit Computer und so watt angefangen. Watt der da allet rumstehen hat! Sonn riesigen flachen Fernseher und sonn Rekorder und Internet und fraach mich nich. Datt Dingen is gesichert wie die Bank von Abu Dubai. Die einzige Laube, in der noch keiner eingebrochen hat, weil die durch die ganzen Gitter und Stahltüren und Selbstschussanlagen nich durchkommen, die Paselacken, die hier immer auf Raubzuch gehen.«

Selbstschussanlagen?

»Nee, war nur Spass. Aber erkundicht hat sich der Korten nach so watt, da kannze von ausgehen. Der kennt doch da den einen Seger, der getz beide Bogestra is, abba früher beide Grenztruppen vonne Ostzone. Den hatta angequatscht, der Korten, abba der konnte ihm wohl nur Tipps geben, wie man dafür sorgen kann, datt Leute, die irgendwo drin sind, nich widda rauskommen. Wie man verhindert, datt die reinkommen, damit hatte der doch nix zu tun.«

Über den ordnungsgemäßen Zustand der Gärten wacht der Vereinsvorstand. Der passt auf, dass die Grundstücke nicht verwildern, die Hecken nicht zu hoch und nicht zu niedrig sind, die Tulpen immer in Reih und Glied stehen.

»Datt muss au sein. Da muss ein gewisser Standard herrschen, sonnz bringt datt doch allet nix! Datt ruft natürlich au schomma den einen oder anderen auffen Plan, der bissken übbaeifrich is. Ich sach dir, da hasse manchmal so Heiermänner rumlaufen, die woanders nix geworden sind, hier abba getz den Bundeskanzler raushängen lassen. Ordnung schön und gut, abba wie der Lindemann mit dem Lineal ankam und die Länge von meine Grashalme messen wollte, da hätte ich dem fast die Schüppe über den Scheitel gezogen. Et gibt für allet Grenzen. Abba weisse, der hatte eben zu Hause nix zu sagen, seine Else hatte doch nich nur die Hosen an, die trug nen ganze Anzuch, wenn du verstehst, was ich meine.«

Interessanterweise ist der Gartenverein immer noch eine rein männliche Domäne, oder?

»Prinzipiell hamm doch Frauen damit gar nix am Hut, mit so Führungsaufgaben. Nich datt die datt nich können.

Datt will ich gar nich sagen, dann gibbet ja gleich widda ein' verplättet von wegen frauenfeindlich, nä, die Frauen hamm da gar keine Lust für. Und so wie ich datt hier imma mitgekricht habe, wär datt auch nix, weil die allet viel zu schnell regeln. Da glucken sonn paar Weiber zehn Minuten zusammen, und dann wissen die, wie datt Sommerfest geht. Und warum? Weilse dann mehr Zeit haben, über uns Kerle herzuziehen oder watt weiß ich. Männer müssen datt allet bissken länger durchdenken.«

Und wird das Sommerfest dann noch besser?

»Nee, abba et is länger durchgedacht, is doch klar!«

Sommerfeste und Sparkastenleerungen ergänzten im jährlichen Feierkalender die grundlosen Gelage und Vergnügungen, die alle unter dem Motto standen, man müsse sich doch »auch mal« was gönnen. Da wurde nicht nur auf dem Tisch getanzt, oder?

»Ich sach dir: Wehe, wenn sie losgelassen! Da kommt kein römischer Kaiser mit. Sodom und Gomorrha und Castrop-Rauxel! Hier laufen Blagen rum, die sind getz erwachsen und die würden nich wissen wollen, wie sie in die Welt gesetzt wurden! Und von wem! Wie oft habbich gehört: Nä also, die kleine Irene is der Mutter wie aus dem Gesicht geschnitten! Nur mit dem Vatta hattse keine Ähnlichkeit. Aber dunkle Haare wie den Karl-Heinz Arnold, abba der is ja widda auf Montage!«

Man kann also festhalten, in so einer Gartenanlage ist immer was los, was, Theo?

»Ich sach ma so: Der Schrebbagahten is dem kleinen Mann sein Ssangssussieh. Ich weiß gar nich, wenn ich tot bin, wie ich ohne datt leben soll.«

Jahrhunderthalle

Wo früher der Schweiß floss, und sicher auch Blut und Tränen, da wird heute gesungen und getanzt, da werden Texte aufgesagt oder imposante Fotos gemacht. Irgendwann kriegen das auch die Altvorderen mit.

Eines Sonntags, nach Kaffee und Waffeln, sagt Omma: »Watt ist datt getz eigentlich mit die Jahrhunderthalle, da hört man immer so viel von.«

»Zu Recht«, antworte ich, »ist schon ein imposantes Teil.«

»Komm, wir gehen mal los und gucken uns datt an.«

»Jetzt?«

»Hasse noch watt vor?«

Omma ist schon draußen, als ich noch nach meiner Jacke suche. Als wir vor meinem Wagen standen, winkte sie ab: »Datt machen wir zu Fuß, wie früher auch.«

Schon merkwürdig: Ich bin praktisch neben der Jahrhunderthalle, besser gesagt neben dem großen Krupp-Gelände groß geworden, aber immer nur daran vorbeigelaufen. Die Alleestraße führt in westlicher Richtung aus der Innenstadt heraus und das riesige Gelände des »Bochumer Vereins« entlang. Kurz hinter der Einmündung Annastraße beginnt das alte Arbeiterviertel Griesenbruch, an das sich das als »Blaubuchsenviertel« (vom allseits beliebten Volksmund so benannt nach den blauen Hosen der dort lebenden Stahlarbeiter) anschließt, wo wiederum die Brandenburgstraße liegt, die nach dem Ururgroßvater meines Steuerberaters benannt wurde, welcher mitgeholfen hat, die riesige Glocke zu gießen, die auf der Weltausstellung 1867 in Paris für Furore sorgte und heute vor dem Bochumer Rathaus als eines der wenigen echten Wahrzeichen der Stadt fungiert. Im Haus Nummer 1 der Brandenburgstraße lebte bis zu ihrem Tode Mitte der Siebziger meine Uromma, und jahrelang wurde ich von meiner Omma die endlosen Werkshallen entlang zum Sonntagnachmittags-Kaffeetrinken geschleift, sodass ich den lauten, langen Weg hassen lernte. »Mach ma hin, sonnz wird der Kaffee kalt!« – interessierte mich als passionierten Trinkschokolade-Genießer weniger als gar nicht. Hinter den langen Mauern lag so etwas wie eine »Verbotene Stadt«, zu der niemand Zutritt hatte, der dort nicht arbeitete.

Heute ist der Weg zusammen mit Omma kürzer, die Häuser sehen kleiner aus, und die Straße wirkt nicht mehr so laut. Omma weiß noch alles. Vor allem, dass alles kaputt war, hier ringsum. »Abba getz is ja widda aufgebaut. Kär, ich hätte nich gedacht, datt der Weech so lang is. Abba sind wohl nur meine Beine kürzer!«

Rechts rum in die Wattenscheider Straße. Keine bevorzugte Wohnlage. Stahlarbeiterhäuser, die noch der liebevoll-historischen Restaurierung harren. Ein Hochbunker, ein türkischer Gemüseladen.

»Guck dir datt an!«, sagt Omma und bleibt stehen, deutet mit einer Kopfbewegung auf den Parkplatz. »Wege asphaltiert, abba wo die Autos stehen, is Wiese. Da stehsse doch bei Regen mit deine Abendgarderobe bis zu die Knie inne Matsche. Ich dachte, die machen hier Konzerte und so wat!«

Wir nehmen nicht den befestigten Weg den Hügel hinauf, sondern den mit schwarzem Granulat belegten, und nach hundert Metern stehen wir vor einem ehemaligen Stellwerk der werkseigenen Eisenbahn, von Umkraut umwuchert, ohne Scheiben, aber mit heraushängenden Kabeln. Der Weg schwenkt nach links und führt sanft bergauf, wo bereits das spitz zulaufende Dach des Hallenvorbaus zu erkennen ist.

Die Halle ist nichts ohne die Gegend, also empfiehlt es sich, erst mal ein paar Schritte um sie herum zu machen.

»Ach kumma, datt hammse abba schön gemacht, mit die Bäume!«

Omma meint den Pappelgarten, angelegt für die aktuelle Triennale.

»Da haben einige kritisiert«, gebe ich zu bedenken, »dass man dann die Freitreppe da hinten nicht mehr richtig sieht.«

Omma geht ein paar Schritte, kommt wieder zurück, geht wieder vor und sagt: »Datt is doch Kappes! So isset doch viel überraschender! Erss denksse: Da sind nur die Bäume. Dann gehsse vor und kucks durch die Allee und dann siehsse da die Treppe. Ich find dat gut so! Da hat sich einer wat bei gedacht. Und wo hasse dat heute noch!«

Rechts von der Halle erstreckt sich eine künstliche Wasserrinne, und von Wasser fühlt sich Omma als Witwe eines ehemaligen U-Boot-Fahrers immer noch magisch angezogen. Zwei Männer mittleren Alters lassen dort ferngesteuerte Modellboote fahren. Der eine lenkt sein Feuerschiff auf uns zu und lässt Wasser aus der Löschkanone schießen.

Omma legt die Stirn in Falten: »Männer brauchen abba au immer watt zum Spielen.«

Da hinten, Richtung Hamme und Hordel, steigt das begrünte Gelände an. Ein Vater und sein Sohn lassen hier einen Lenkdrachen auf dem Herbstwind reiten. Eine moderne Brücke, die »Erzbahnschwinge«, führt vom Gelände weg, über Brachen und Gewerbegebiete.

»Watt is datt denn da hinten?«, will Omma wissen. »Datt komische Dach?«

»Das ist die Arena auf Schalke, das Fußballstadion.«

Omma dreht sich Richtung Westen. »Und da hinten is der Förderturm vom Berchbaumuseum und der Bismarckturm. Kannze ma sehn, du, so hängt hier allet zusammen.«

Von hinten sieht die Jahrhunderthalle aus wie ein riesiges, rostiges Kunstherz, das vor Jahren aus einem Roboterkörper entnommen worden ist. Die künstlichen Arterien hängen nutzlos heraus. Damit kann Omma nichts anfangen. »Ich würd' sagen, datt sind einfach nur Rohre. Wieso machense die denn nich ab? Datt sieht doch nich aus!«

Ein kleines, unausgegorenes Referat über Abbruch-Look und den verführerischen Chic des Verfalls wäre jetzt wohl reine Luftverschwendung.

Gleich daneben die Turbinenhalle, deren Dach gerade neu gedeckt und deren Fenster neu montiert werden. Zwischen Turbinen- und Jahrhunderthalle hindurch, den Büheneingang passierend und dann zweimal links herum, stehen wir wieder vor der Stahl- und Glaskonstruktion des Haupteingangsbereiches und blicken durch die haushohen Scheiben in die veranstaltungsbegleitende »Jahrhundertbar«.

Omma ist ganz angetan. »Schön hammse datt gemacht. Ich wusste gar nicht, datt et so hohe Scheiben überhaupt gibbt! Abba kumma die Stühle da: orangschene Polster! Da hasse dreimal drauf gesessen, dann krisse die nich mehr sauber! Wieso heißt datt eigentlich Jahrhunderthalle? Für dein Uroppa war datt immer nur die Gaskraftzentrale.«

Der Name ist eine moderne Erfindung. Als der Bochumer Verein 1902 auf der Düsseldorfer Industrie- und Gewerbeausstellung einen eigenen Pavillon errichtete, führte niemand diese Bezeichnung im Munde.

Wir betreten die Halle durch hohe Stahltüren, von denen Omma meint, sie sähen aus wie früher in der Reichskanzlei die Türen zu Adolfs Arbeitszimmer, nur eben aus Stahl. Das lassen wir mal so stehen.

Und endlich stehen wir in der einhundertdreißig Meter langen Halle 1. »Watt ein Riesending!«, entfährt es Omma. »Wie ne Kirche, odda? Wie der Kölner Dom, meinzze nich?«

Stimmt. Nicht umsonst spricht man hier von einer Industrie-»Kathedrale«, von Seiten- und Mittelschiffen. Ein Eindruck, der sich noch verstärkt, wenn man sich historische Aufnahmen von der Düsseldorfer Ausstellung ansieht. Da hatte die Halle noch einiges mehr an Türmchen und Zinnen und, vor allem, einen Glockenturm! Arbeit war hier schon immer heilig.

Omma klopft gegen die genieteten Stahlsäulen, auf denen die gesamte Konstruktion ruht: »Krisse nich kaputt!«

Geradeaus stoßen wir auf die größte der beiden Veranstaltungshallen. Omma ist geplättet: »Wie viel Leute gehen da rein? Dreitausend?«

»Naja, eher so tausend bis fünfzehnhundert.«

»Nu werd nich kleinlich, Junge! Wenn datt allet voll ist, sieht datt aus wie dreitausend, egal wie viele datt sind!«

Die kleinere Halle, die immer noch etwa sieben- bis achthundert Zuschauern Platz bietet, findet Omma regelrecht gemütlich, »jedenfalls gegen die andere!«

Als wir in Halle 1 zurückkommen, werden draußen die Wolken am Himmel über Stahlhausen für einen Moment beiseitegeschoben und Sonne fällt durch die hohen Fenster an der Westseite.

»Ich sach doch: wie inne Kirche. Hoffentlich sind hier die Predichten nur besser.«

Ich versichere Omma, dass die Ruhr-Triennale jetzt schon ein Festival von europäischem Rang sei und auch das übrige Programm hier allererste Qualität habe.

Wieder draußen auf dem Gelände wagt Omma ein abschließendes Fazit: »Also nee, ich muss sagen, datt hamm-se schön gemacht. Nur datt der Parkplatz so weit wech is. Die Leute wollen immer bis vor de Tür fahren! Also haut mal hier noch ne Tiefgarage in den Berch, mit nem Aufzuch bis vor den Eingang, und dann wird datt hier richtich lustich.«

Auf dem Rückweg nehmen wir die Freitreppe Richtung Alleestraße, und Omma erzählt von der Wohnung ihrer Eltern an der Elsassstraße, nur ein paar hundert Meter Luftlinie von hier, und wie ihr Vater, mein Uroppa, der in der Fremdenlegion gewesen war und fließend Englisch und Französisch sprach, immer Feindsender hörte und wie er sich deswegen mal mit einem Arbeitskollegen, einem strammen Parteigenossen, hier vorne vor Tor 5 deswegen geprügelt habe. Aber das war schon gegen Ende gewesen, als es schon fast egal war. Und die Arbeit sei ja auch nicht immer schön gewesen. »Is schon besser, wat da heute gemacht wird, in datt Dingen! Abba eins würd mich mal interessieren.«

»Ja?«

»Wie heizen die datt eigentlich da drin? Datt kann doch keiner bezahlen, odda?«

»Das bezahlen wir alle zusammen, Omma.«

Omma lächelt. Der Gedanke, dass die Jahrhunderthalle auch ein bisschen ihr gehört, gefällt ihr.

Nachrichten, Wetter, Verkehr

Im Land der Autobahnen

Die Kinder saßen beim Großvater und wollten wissen, wie er die Großmutter getroffen hatte.

»Es war einmal eine Zeit«, sprach der alte Mann zu den Kindern, »da gingen wir viele Tagesmärsche von Ost nach Nord, auch von Süden nach Westen, und nie berührte unsere Sohle einen Halm, nie senkte sich der Fuß in fette Muttererde, noch neckten hohe Gräser unsere Waden.«

Das wollten die Kinder nicht glauben. Sie blickten sich um und sahen all überall nur Grün, wohin sie auch schauten.

»Doch!«, entgegnete der alte Mann, der sehr starrköpfig war. »Aber wir gingen auch nicht auf unseren Füßen, wir saßen in blechernen Kisten mit Rädern und versuchten, von hier nach da zu fahren, doch meistens standen wir nur herum und lasen Zeitung in unseren blechernen Kisten, denn wir hatten viel Zeit im Land der Autobahnen.«

»War das«, fragten die Kinder, »in der Zeit vor der Großen Umwendung?«

»So ist es. Es war eine Zeit«, fuhr der Großvater fort, »da hatten wir mehr Autobahnen als gute Gedanken. Wir nannten sie A 2 oder A 3, auch A 42 und A 43 und A 44! Ja, wir hatten sogar eine A 52!« Ein Glanz trat dem Großvater ins Auge, den man nie zuvor gesehen hatte. »Doch die schönste und mächtigste von ihnen«, hub er an und kam ins Stocken, schluckte Tränen der Rührung herunter, »war stets die A 40. Sie war das asphaltene Band, das wie ein lebendiges Tier durch unsere Lebenswirklichkeit mäanderte. Sie verband die Menschen untereinander, wie es nur eine wirklich gute Autobahn vermag. Nachts, wenn der Verkehr ein wenig nachließ, gelangte man von einem Dorf zum nächsten in zwei oder drei Wimpernschlägen, ja, es war sogar kaum möglich zu sagen, wo das eine aufhörte und das andere begann.«

Die Kinder nickten. Davon hatten sie schon gehört. Vor der Großen Umwendung hatten die Dörfer miteinander geredet und Handel getrieben, Männer aus dem einen hatten Frauen aus dem anderen Dorf geheiratet. Heute wusste man nicht einmal mehr, wo die anderen Dörfer genau lagen. Man hörte immer wieder von Menschen, die in einem »Bockum« gewesen waren oder einem »Domund«, doch dort war man nicht freundlich zu ihnen gewesen.

»Wir alle hatten unsere rollenden Blechkisten«, sagte der

Großvater, »und als die Autobahnen all unsere Fahrzeuge nicht mehr fassen konnten, benutzten wir sie trotzdem.«

»Aber«, fragte ein Mädchen, das schon etwas größer und schon öfter durch Vorwitzigkeit aufgefallen war, »gab es damals nicht auch Züge? Und etwas, das man Straßenbahnen nannte? Und Busse?«

»Ja!«, rief ein Junge. »In der Waldschule haben wir davon gehört. Die Lehrerin nannte es den *öffentlichen Personennahverkehr*!«

Der Großvater warf seinen Kopf zurück und brach in ein kehliges Lachen aus, das nicht aufhören wollte und bald in einen donnernden Husten überging.

»Einen?«, röchelte er. »Wir hatten zwei Dutzend öffentliche Personennahverkehre! Und der eine wusste nichts vom anderen! In den Zügen, wenn sie überhaupt kamen, stapelte man die Menschen bis unter die Decke! In der einen Stadt waren die Schienen breiter als in der anderen! Da stieg man aus der einen Bahn aus, fuhr dreihundert Meter mit dem Bus und stieg in eine andere wieder ein! Man nahm sich ausreichend Proviant mit, um unterwegs nicht zu verhungern. Manchmal wurden Menschen in den Bussen und Bahnen vergessen und erst nach Jahren gefunden, auf einer der Toiletten, die niemand benutzen wollte, weil ... Na ja, es gab halt Gründe, warum man sich von denen fernhielt.«

»Aber hattet ihr denn Toiletten in den rollenden Blechkisten?«

»Anfangs nicht. Dann aber fingen die Ersten an, sich welche einzubauen, weil wir einfach so viel Zeit in diesen Kisten verbrachten. Und so habe ich auch die Großmutter kennengelernt!«

»Erzähl, Großvater! Erzähl es uns!«

»Ach«, seufzte der Großvater, »es war ein sonniger Tag und ich stand auf der A 52, nur wenige Kilometer vor etwas, das wir *Dreieck Essen-Ost* nannten. Ich hatte meinen Sitz in eine waagerechte Position gebracht und sah mir an der Decke meiner Blechkiste einen Film an. Wisst ihr, wie wir diese Decke nannten?«

Nein, das wussten die Kinder nicht.

»Wir nannten sie Himmel. Meistens sahen wir mehr von diesem Himmel als von jenem, der sich über die Erde spannt. Ich sah also einen Film, ich weiß gar nicht mehr welchen, die automatische Steuerung bewegte die Blechkiste alle zwanzig Minuten etwa fünf Meter vorwärts, als es plötzlich an meine Scheibe klopfte und ich in das schönste Gesicht blickte, das ich je gesehen hatte. Das junge Mädchen, das zu diesem Gesicht gehörte, sagte, sie habe gesehen, dass meine Blechkiste bereits über einen Abort verfüge, und ob sie den benutzen dürfe, sie wolle sich nicht zu den anderen Frauen in den Straßengraben setzen. Natürlich hatte ich nichts dagegen. Mein Auto-Abort war damals ein ganz einfacher, schlicht eine Öffnung unter einem Deckel in der Rückbank, aber schon angeschlossen an den Kraftstoffkreislauf, der alle menschlichen Sekundärprodukte gleich in Energie umwandelte, so weit waren wir immerhin schon. Die Große Umwendung kündigte sich schon an. Ja, und so habe ich eure Großmutter kennengelernt. Sie saß auf der Rückbank, und unsere Blicke begegneten sich im Rückspiegel. Wir ließen ihre alte Blechkiste einfach stehen, wo sie war, das fiel nicht weiter auf, und zeugten noch vor Mitternacht ein Kind.«

»Auf der A 52?«

»Nein, das war schon auf der A 40, kurz vor Frillendorf.«

Da waren's die Kinder zufrieden mit dem Großvater. Der Abend senkte sich auf das Dorf, und die Kinder wurden von ihren Eltern in ihre Hütten gerufen.

Oh 40 du!

Oh 40 du, mit einem A!
Mein Leben lang warst du mir nah

Entspringst schon fast im Niederland
Und erst in Duisburg wird es int'ressant

Vorher durch den flachen Niederrhein
Vorbei an Bauer, Kuh und Schwein

Straelen, Wankum, Kempen, Kerken
Auch Wachtendonk muss man sich nicht merken

Dann Neukirchen und durch Vluyn
Auch mit Moers, da hab ich nix zu tün

Rheinhausen, Homberg und Kreuz Kaiserberg
Vor der Laube steht der Gartenzwerg

Das nächste Dorf wird Mülheim heißen
Wo sie in Styrum Heimaterde schweißen

Ein Tunnel unter Essen licht
Ist besser so, dann sieht man's nicht

So nah die Häuser – Huttrop, Essen
Lärmschutz kannze hier vergessen

Es grätscht die 52 seitlich rein
Und Radaranlagen – gar nicht fein

Steele, Frillendorf und Kray
Auch Gelsenkirchen ist dabei

Und von der schönsten Stadt der Christenheit
Trennt uns nur noch Wattenscheid

Stahlhausen, Weitmar, Hamme
In diesen Fleck ich meine Fahne ramme

Oh Bochum, Perle, Schmuckstück du!
Wie gern seh ich dir dabei zu

Wie Großstadt du versuchst zu sein
Und bleibst doch nur ein Dörflein klein

Mit U-Bahn, Fußball, Boulevard
Mächtig was los hier, alles klar!

Blau-Weiß ist mein Syndrom
Und das Stadion heißt wie Strom

Den alten Namen haben sie verbrannt
Und jetzt auch noch die Ausfahrt umbenannt!

Noch Harpen, Laer und Werne
Auch Langendreer in der Ferne

Lütgendortmund, Dorstfeld, Kley
Dortmund-West, es ist vorbei

A 40, mon amour
Asphalten bist du und auch stur

Links und rechts von dir Geschichten leben
Echte Fressen, die vor Frechheit beben

Und traurig in den Abgrund schaun
Aus dem früher Kohle sie gehaun

Selterbude, Frittenschmiede, Schrebergarten
Orte, wo wir auf Erlösung warten

Manche starren stumm auf Küchenschränke
Vor sich nur gefährliche Getränke

Andre schlagen dir den Schädel ein
Willst du kein Borusse sein

Vom Staub der Kohle zum Computerchip
Statt Rollmops nun Exotik-Dip

Oh 40 du, mit einem A
Du warst immer für mich da

Meist länger als ich wollte
Wenn mal wieder gar nichts rollte

Asphalt bist du nur und Teer
Dich zu lieben fällt mir schwer

Doch du bist mein und ich bin dein
Es wird noch lange dauern mit uns zwein

Und mit dem letzten Tropfen hier im Tank
Sag ich fürs Wörtchen »Zuflussreglung« Dank

Kadett

Mein Oppa fuhr immer nur Bochumer Autos und tankte nur Bochumer Benzin. Etwas anderes als ein Kadett kam ihm nicht unter den Hintern, und in den Tank gehörte Aral. Er war fest davon überzeugt, dass dem Motor mit

Shell, Esso oder Texaco irreparabler Schaden zugefügt würde. Das lehre doch das Leben ganz allgemein: »Durcheinander saufen ist immer schlecht!«

Oppas erster Kadett war schneeweiß mit Fließheck, innen Kunstleder. Er stand in der Garage der Aral-Tankstelle Fey an der Alleestraße. Am Wochenende wurde er hervorgeholt und dann ging es zu Ausflügen ins Münsterland oder zum Einkaufen nach Winterswijk in Holland, wo die Zigaretten so billig waren. Bevor es losging, ließ mein Oppa aber erst mal den Wagen in der Garage fünf Minuten »warmlaufen«. Nein, es handelte sich nicht um einen Diesel. »Die Flüssigkeiten müssen erst die richtige Temperatur haben und sich überall verteilen«, meinte Oppa. Warmlaufenlassen, das war eine Glaubensfrage, und Oppa war da sehr religiös.

Es mag 1973 oder 74 gewesen sein, da überließ Oppa den schneeweißen Kadett bereits meinen Eltern, die im jugendlichen Übermut die Motorhaube und den Kofferraum schwarz lackieren ließen, sodass der Wagen aussah, als würde er bei Paris-Dakar mitmachen.

Oppa legte sich ein grasgrünes Modell mit schmalen, schwarzen Streifen an der Seite zu und damit ging es auf die legendären Urlaubsfahrten nach Österreich, in deren Verlauf ich geräuchert wurde wie ein Landjäger, da mein Oppa zwar eine Lord Extra nach der nächsten wegperzte, offenbar aber unter einer schlimmen Sauerstoffallergie litt, die es ihm verbot, das Fenster auch nur einen Spalt breit zu öffnen. Außerdem klebten in der Sommerhitze meine kurzbehosten Oberschenkel ständig am Kunstleder der Rückbank fest. Um den Genuss zu steigern, wartete ich, bis sie richtig festgepappt waren, und riss sie dann mit einem fiesen Geräusch ruckartig hoch.

In Österreich angekommen, bezogen wir ein Basiscamp in einer Pension in Bregenz am Bodensee und ließen uns vom Kadett das schöne Vorarlberg zeigen. Auch die Schweiz bis hin zum San Bernardino, aber immer nur so weit, dass noch eine Aral-Tankstelle in Reichweite war.

Wie tief und persönlich die Beziehung meines Oppas zu seinem Auto war, erkannte ich, als wir ebendort, auf dem San-Bernardino-Pass, eine Panne hatten. Der Motor ging aus, der Kadett rollte gerade noch auf den Seitenstreifen und sagte keinen Ton mehr.

Oppa blickte zu mir auf die Rückbank, als sei ich schuld. Zum Glück konnte er mich durch die dichten Nikotinschwaden kaum sehen. Denn mich plagte tatsächlich ein schlechtes Gewissen. Ich hatte unreine, antikadettische, antiaralische Gedanken gehabt. Vorhin waren wir an einer Agip-Tankstelle vorbeigekommen, und mir war durch den Kopf geschossen: Da könnte man doch auch mal tanken! Nur fünf Minuten später hatte der sensible Mechanismus offenbar beleidigt aufgegeben.

Oppa versuchte noch ein paarmal, den Wagen wieder zu starten, und als sich nichts tat, befahl er uns auszusteigen.

Hatte ich gedacht, Oppa würde nun die Motorhaube öffnen, die Kabel überprüfen, an Kontakten rütteln oder den Ölstand checken, hatte ich mich getäuscht. Er ging neben dem Wagen in die Hocke, legte eine Hand auf den vorderen rechten Kotflügel und sagte leise, fast zärtlich: »Hömma, kannze nich machen! Wir sind doch Kumpel. Hamm so viel durchgemacht. Dat schaffenwa auch noch. Is nich mehr weit, dann kannze ausruhen. Da fahrn wir irgendwo rechts ran, und dann machenwa Pause und du krichs schön Aral zu trinken. Watt hälze davon?«

Omma raunte mir zu: »Als er dat letzte Mal mit *mir* so gesprochen hat, war ich zehn Minuten später mit deine Mutter schwanger!«

Oppa klopfte dem Kadett noch mal begütigend aufs Blech, wir stiegen wieder ein, Oppa drehte gefühlvoll den Zündschlüssel – und zwei Stunden später wurden wir ins nächste Dorf geschleppt.

Der Beziehung meines Oppas zu seinem Auto tat das keinen Abbruch. Noch nach zehn Jahren sah der Wagen aus wie frisch vom Band, während der meiner Eltern von einem Motorbrand dahingerafft wurde, was Oppa mit den Worten kommentierte: »Na SO warm musse ihn auch nich laufen lassen!«

Als ich endlich meinen Führerschein hatte und meinen Oppa mal fragte, ob er mir seinen Wagen leihen könne, es gehe um eine sehr wichtige, erotischen Erfolg verspre-chende Verabredung mit einer Frau in Krefeld, erlitt er seinen ersten Lachanfall seit Kriegsende. »Und übbahaupt: Watt willze denn in Krefeld? Gibbet bei uns keine Frauen? Anne Aral Königsallee, da is sonne kleine Rote, da hättesse zwei Fliegen mit eine Klappe! Kannz einen wegstecken und kriss auno Tankgutscheine, weisse?«

Über die Jahre gingen eine Reihe mehr oder weniger baufällige Autos durch meine Hände. Eines davon war ein roter Kadett mit Heckklappe, und ich kann stolz sagen: Das ist der Wagen, der mir buchstäblich *unterm Arsch zu-sammengebrochen ist*. Es war an einem regnerischen Novembermorgen. Ich kam von meiner damaligen Lebensbegleiterin und fuhr die Hofsteder-Straße hinunter zur Herner, als es plötzlich laut und vernehmlich »KLONG!« machte und mir die Kontrolle über den Wagen zu entgleiten drohte. Ich lenkte ihn halb auf den Bürgersteig, wobei Metall sich panisch kreischend an Asphalt rieb, stieg aus und musste feststellen, dass die Hauptantriebswelle am vorderen Ende abgefallen war! Für einen Abschleppdienst hatte ich kein Geld, Kumpels waren um diese Tageszeit nicht zu erreichen, also rief ich meinen pensionierten Oppa an. Mit einem lahmen Kadett musste er doch Mitleid haben!

Oppa betrachtete mein Werk, rieb sich die Bartstoppeln am Kinn und fragte: »Watt hasse denn zuletzt getankt?«

Schuldbewusst gab ich zu, aus Kostengründen erst gestern an einer Freien Tankstelle Halt gemacht zu haben.

Oppa schüttelte den Kopf und meinte: »Durchenander saufen, und dann au noch billigen Fusel! Da kannze au gleich Maggi in die Kiste kippen!«

Mit mühsam befestigten Gepäckspinnen (!) banden wir die Antriebswelle dann so hoch, dass sie nicht mehr über den Boden schleifte, und schleppten den Wagen zur nächsten Autoverwertung. Oppas letzter Rat in Kfz-Angelegenheiten an mich: »Kauf dir wat, womitte umgehen kannz!«

Einen Kadett habe ich mir jedoch nie wieder angeschafft. Ich fühlte mich dieser Aufgabe einfach nicht gewachsen.

Bluesmobil

Das erste Auto, mit dem ich unsere Gegend unsicher machte, war kein Pink Cadillac, kein Black Trans-Am, auch kein Opel Kadett, ganz schlicht als Coupé, sondern ein Ford Taunus, Baujahr 71, mit vier Türen, runden Lampen und – Liegesitzen! Na gut, sie hatten die Farbe von toten Motten, aber sie ließen sich so weit nach hinten kurbeln, dass man mit dem Kopf schon fast auf der Straße lag – was ohnehin kein Problem war, da das Bodenblech aussah wie der Durchschlag, in dem meine Mutter immer die Nudeln abtropfen ließ.

Als ich mich das erste Mal hineinsetzte, hatte ich den Eindruck, die Motorhaube berühre den Horizont und in dem Fußraum vor dem Beifahrersitz könne man bequem eine Partie Krocket spielen. Eine ausreichende Belüftung war aufgrund der oben erwähnten Beschaffenheit des Bodenblechs auch im Hochsommer kein Problem, und die uralten Dreipunkt-Gurte sorgten für eine gewisse nostalgische Anmutung und für den nötigen Nervenkitzel beim dichten Auffahren. Der Taunus schaffte immerhin 140 Stundenkilometer, wobei er von null auf hundert in einer Zeit knapp unter fünf Minuten beschleunigte.

Wenn ich bei gutem Wetter das Fenster herunterkurbelte, den Ellenbogen in die Sonne legte, die Welt nur noch durch meine billige Sonnenbrille sah und aus dem Kassettenrekorder auf dem Rücksitz diese kleine alte Band aus Texas mit *She don't love me, she loves my automobile!* dröhnte, kam ich mir vor wie Jake und Elwood in einer Person, und nicht selten hörte man mich bei Sonnenuntergang murmeln: »Es sind dreiundzwanzig Kilometer bis Dortmund, ich habe einen vollen Tank und ein halbes Päckchen Schokoladenzigaretten, es ist dunkel und ich trage eine Sonnenbrille! Im Palace Hotel Ballroom wartet keine Sau darauf, dass ich *Minnie the Moocher* singe, und in einen weißen Smoking passe ich ohnehin nicht. Hit it man!«

Zu meinem neunzehnten Geburtstag ließen sich ein paar Freunde etwas ganz Besonderes für meinen Wagen einfallen. Von der Party im elterlichen Schrebergarten wurde ich gegen Mitternacht abgeführt, hinter einer Hecke sprang jemand mit einem Radiorekorder auf der Schulter hervor und es dröhnte *Heaven's in the back seat of my cadillac* durch die Dunkelheit. Man verband mir die Augen und nahm mich bei der Hand. Es wurde viel gekichert und gesungen. Als man mir die Augenbinde wieder abnahm, stand ich vor meinem Bluesmobil, das Rallyestreifen aus weißem Klebeband trug, einen Fuchsschwanz an der Antenne und meine Initialen in geschwungenen Lettern im rechten unteren Bereich der Windschutzscheibe. Auf der hinteren Ablage erkannte ich endlich den von mir lang ersehnten gehäkelten Klorollenüberzug in Altrosa sowie ein schmutzigrotes Kissen, auf dem mit Edding meine Autonummer geschrieben stand. Daneben der klassische Wackeldackel. Am Armaturenbrett prangten eine Christophorus-Plakette und ein kleines Groschengrab mit Parkmünzen, vom Innenspiegel baumelte ein ganzer Strauß von Duftbäumen. In das etwa zwei Männerhände große Loch im linken Kotflügel waren Gänseblümchen gepflanzt. Es schüttelte mich und ich war gerührt.

Man hat ja schon von kuriosen Defekten bei alten Autos gehört, aber ich glaube, mit einem Ereignis liegt der Taunus ganz vorne in den Charts: Ich stand in Bochum an der Ampel Massenbergstraße/Kurt-Schumacher-Platz und wollte nach links auf den Ostring einbiegen, als beim Einlegen des ersten Ganges der Schaltknüppel in der Mitte durchbrach.

Ich besorgte mir vom Schrottplatz einen anderen Schaltknüppel und kriegte ihn auch montiert, interessanterweise konnte ich das Ding aber nun nach Belieben abnehmen und während der Fahrt auf die unter mir herziehende Straße blicken. Gerade bei jungen Frauen kam das riesig an, wenn man in den Dritten schaltete, plötzlich den Knüppel in der Hand hatte und verdutzt tat. Kriegte man dann zu hören: »Lass mich sofort an der nächsten Ecke raus!«, konnte es nichts werden zwischen der betreffenden Frau und mir. Blieb sie ruhig und sagte: »Das ist aber interessant! Ist das Graue da unten der Asphalt?«, lagen Liebe und Erotik in der Luft. Der Taunus wurde so zu einem unverzichtbaren Berater in Liebesdingen.

Und beinahe wäre ich im Taunus sogar entjungfert worden. Der Rücksitz bot genügend Platz, und tatsächlich schaffte ich es bei Carola unter den Pullover und bis zum Saum ihrer Unterhose, dann aber griff sie mir gleichsam ins Steuer und meinte: »Mehr gibt's nur in einem richtigen Auto!« Das war der Punkt, an dem ich beschloss, Karriere zu machen. Heute habe ich einen Wagen, in dem man das, was Carola mir seinerzeit verweigerte, durchaus erledigen könnte, aber ich bin nicht mehr gelenkig genug.

Drei Jahre währte unsere Liebe, dann hieß es Abschied nehmen. Irgendwann winkte jeder Schweißer und Schrauber ab, wenn ich bat und bettelte, den komatösen Taunus wieder ins Leben zu schweißen und zu schrauben. Ich fuhr ihn schließlich zu ebenjenem Schrottplatz, wo ich den Ersatzknüppel besorgt hatte, und übergab ihn einem Mann, der meinte, er werde sich um ihn kümmern. So muss es sein, wenn man seine Verwandten im Heim abgibt, dachte ich. Nie war der Begriff »Autofriedhof« passender, und tatsächlich verdrückte ich auch das eine oder andere Männerтränchen.

Am Eingang zum Gelände drehte ich mich noch einmal um und noch heute meine ich zu sehen, wie seine runden Scheinwerfer zum Abschied ganz kurz aufleuchteten.

Dies ist kein Lieblingslied

Natürlich wollte ich auch mal weg hier, aber das ist lange her.

Es hatte mit meinem ersten Auto zu tun, dem dunkelgrünen Ford Taunus. Und damit, dass ich mit zwanzig nicht viel älter war als mit fünfzehn; mit der merkwürdigen Zeit nach dem Abitur und vor dem Studium, mit der Tatsache, dass ich ein winziges Appartement unterm Dach im Haus meiner Eltern hatte, wo ich in langen, heißen

Sommernächten auf dem Bett lag und versuchte, wenigstens für ein paar Minuten meinen Namen zu vergessen. Ich hörte laute Musik, bis sich jemand beschwerte, dann setzte ich den Kopfhörer auf und drehte die Lautstärke noch weiter auf.

Eines Nachts, Juli oder August 86, nahm ich eine Tasche aus dem Schrank, stopfte ein paar Sachen und viele Musikkassetten hinein, kratzte mein Geld zusammen, zog die Jeansjacke an, stürzte die Treppen hinunter und verließ das Haus. Der Wagen stand gegenüber, gleich neben der Litfaßsäule, auf der seit Wochen eine Zigarettenwerbung den Geschmack von Freiheit und Abenteuer versprach. Ich warf die Tasche auf den Rücksitz, stieg ein und fuhr los.

Carola wohnte in der Nähe der Uni in einem weiß geklinkerten Bungalow. Ihr Zimmer ging im Souterrain zur hinteren Terrasse hinaus. Ein paarmal hatte ich spät in der Nacht diesen Ausgang benutzt, wenn ihre Eltern schon schliefen und ich nicht durchs ganze Haus zur vorderen Tür schleichen wollte. Leider war in diesen Nächten nicht halb so viel passiert, wie alle glaubten und wie ich mir erhofft hatte.

Während der Fahrt hörte ich Musik, immer wieder die gleiche Nummer, die, die mich überhaupt dazu gebracht hatte, mich um diese Zeit mit diesem speziellen Plan im Kopf auf den Weg zu machen.

Ich ließ den Wagen in einiger Entfernung vom Haus unverschlossen und mit heruntergelassenen Scheiben stehen. Das hier war eine gute Gegend, und wer sollte schon einen fünfzehn Jahre alten Ford Taunus klauen, dessen

Schaltknüppel sich im dritten Gang aus der Verankerung löste?

Ich ging um das Haus herum, fand die schmale Lücke in der Ligusterhecke, zwängte mich hindurch und schlich über die Terrasse. Ich legte meine Hände ans Glas und sah hinein. Carola lag bäuchlings auf dem Bett, ein Bein ausgestreckt, das andere angewinkelt. Ich klopfte leise an die Scheibe, aber sie rührte sich nicht. Ich klopfte stärker, und sie zuckte zusammen und fuhr auf. Als sie mich erkannte, stand sie auf und öffnete die Tür.

»Was willst DU denn hier?«

Sie ließ mich rein und warf sich wieder aufs Bett. Ich sagte ihr, weswegen ich gekommen sei. Sie meinte, ich sei nicht ganz dicht.

»Wir haben darüber geredet. Mehr als einmal. Du hast gesagt, du kommst mit.«

Carola seufzte. »Es ist mitten in der Nacht, ich bin müde. Ich bin erst um zwei Uhr ins Bett gekommen.«

»Um diese Zeit ist die A 40 noch nicht so voll. Bevor die Staus anfangen, sind wir in Holland.«

Sie setzte sich auf die Bettkante und strich die Haare zurück. »Du meinst es wirklich ernst, was?«

Ich sagte nichts.

»Mein Gott«, stöhnte sie. »Was man eben so rumspinnt, wenn man eine ganze Flasche Wein intus hat.«

»Soll das heißen, es war nicht ernst gemeint?«

»Weißt du was? Lass uns morgen noch mal drüber reden. Irgendwo ne Pizza essen und dann sehen wir weiter. Ich bin jetzt einfach nur müde.« Sie kippte nach hinten, zog ihre Beine an und kroch Richtung Kopfende.

Ich sah mich um. Das Zimmer war sehr unordentlich. Überall lagen Kleidungsstücke und Schallplatten herum. Auf dem Nachttisch neben dem Rattanbett eine offene Packung Drum. Ich wartete noch ein paar Minuten, bis sie wieder eingeschlafen war. Vielleicht tat sie auch nur so. Ich ließ die Tür offen stehen.

Die ganze Sache hatte vielleicht zehn Minuten gedauert, doch als ich zu meinem Auto zurückkam, lag meine Tasche nicht mehr auf dem Rücksitz. Um die paar T-Shirts, die Unterhosen und die zweite Jeans war es nicht schade. Aber es würde mich Wochen kosten, die zwanzig Kassetten neu aufzunehmen.

Wenigstens steckte die, die ich vorhin gehört hatte, noch im Rekorder. Ich ließ den Wagen an, fuhr durch die Gegend und hörte »Thunderroad« von Bruce Springsteen, die sparsame Live-Version, die Geschichte von einem, der mit dem Wagen bei einer Frau vorbeifährt, um mit ihr durchzubrennen.

Rechtzeitig zum Frühstück war ich wieder zu Hause.

Taxi Bochum

Diese phänomenale Direktheit der Menschen in unserer Gegend offenbart sich besonders, wenn man in dieser Gegend unterwegs ist. Zum Beispiel mit dem Taxi.

Es gibt unterschiedliche Arten von Taxifahrern. Da wäre zum Beispiel der fürsorgliche Typ. Eines Nachts vor etwa fünfzehn Jahren bestieg ich ein Taxi im Bermudadreieck in Bochum und wollte mich zu meiner Wohn-Kaschemme an der Castroper Straße bringen lassen. Der Fahrer war ein vierschrötiger Mittfünfziger mit interessanten Mondkratern im Mare Crisium seines fleischigen Gesichtes. Ich hatte einigermaßen was weggebechert in den letzten Stunden und jetzt folgerichtig Hunger. Also bat ich den Mann, noch schnell bei der amerikanischen Hackfleischbrötchenschmiede am Hauptbahnhof Halt zu machen.

»Nee, mach ich nich!«

»Wie meinen?« Schweigen.

»Klar, wenne wills, marich datt, aber überleech doch mal! Du biss blau und du biss müde. Dat Erste weisse schon, datt Zweite wird klar, sobald du dein Bett siehs. Da brauchsse doch nix mehr inne Backen! Und schon gar nich diesen Drecksfraß! Denk doch mal nach!«

Ich dachte mal nach. Eigentlich hatte er recht. Aber eigentlich könnte der VfL Bochum auch Deutscher Meister sein. Und eigentlich hätte die Kellnerin im Jago vorhin nicht so unwirsch reagieren müssen, als ich sagte: »Komm, lass poppen gehen!«

Vor dem Essen nachzudenken ist aber ungefähr so blöd wie vor dem Tor nachzudenken, ob man den Ball mit rechts, mit links, mit dem Kopf, dem Knie oder dem Geschlechtsteil reinmachen soll, und noch bevor ich mich zu irgendwas entschließen konnte, waren wir auch schon am Bahnhof vorbei. Fünf Minuten später standen wir vor meiner 45-Quadratmeter-Junggesellenbude mit Blick aufs

Planetarium und der Taxifahrer ging sogar um den Wagen herum und hielt mir die Tür auf. Er fingerte den Hausschlüssel aus meiner Jackentasche und brachte mich in die Wohnung. Ich fand es zwar etwas übertrieben, dass er mir die Zähne putzte, aber dass er mich zudeckte, fand ich richtig nett. Und die Geschichte, die er mir vorgelesen hat, hat mir wirklich geholfen einzuschlafen.

Aber so nett ist es natürlich nicht immer. Eine andere Art von Taxifahrer ist der aufgekratzte Dampfplauderer, bei dem man nicht weiß, was er überhaupt sagen will, der sich selbst aber für einen steten Quell der Weisheit hält: »Und, bisse datt erste Mal in Bochum? Ach, du wohnz hier? Is nich schön, ne? Abba sollich dir ma watt sagen? Woanders is au scheiße! Bin ich ma gewwesen, kannze vergessen! Weisse eigentlich, datt im Ruhrgebiet der Tod die häufigste Ursache is, datt die Menschen sterben? Datt muss man sich ma vorstellen, datt glauben die jungen Leute ja übbahaupt nich. Kumma, mein Schwager, ne? Dem hammse getz datt linke Bein abgenommen, dabei hat der nie geraucht! Na ja, war auch n Aabeitsunfall, abba wer weiß datt schon so genau! Andererseits: Watt machen wir getz mit die ganzen Aabeitslosen? Bei denen is doch nix los, die hamm ja nich ma Unfälle! Watt machen die den ganzen Tach? Hasse eigentlich watt gegen Ausländer? Ich meine watt, watt wirklich hilft? Der is gut, ne? Zwölffuffzich, abba denk dran, ich hab Familie!«

Dann gibt es da den gesellschaftskritischen Typen, der sich tiefschürfende Gedanken zum Beispiel über die Gender-Problematik macht. So einer verwickelte mich mal in ein Gespräch über die Liebe und die Frauen.

»Wissen Sie eigentlich, woran datt licht?«

»Der Stau?«

»Der auch. Aber ich meine datt allgemeiner. Dem Elend. Dem Elend in diese Welt?«

»Am FC Bayern?«

»Scheiße, nein. Anne Weiber!«

»Echt?«

»Hass du in deinem ganzen Leben auch nur eine ehrliche Frau getroffen?« Auf vertrautem Terrain wurde offenbar geduzt.

»Naja, da war mal eine in Bad Salzuflen ...«

»Ich nicht. Die haben doch heute allet im Griff, die Weiber, sonst würd ich nich Taxifaahn. Vielleicht wär ich Profifußballer oder Astronaut. Die Weiber haben doch allet im Griff. Und die Welt is immer noch Scheiße.«

In mir erwachte sofort das starke Bedürfnis, all die Frauen aufzusuchen, die ihm die Jobs als Profifußballer oder Astronaut streitig gemacht hatten, und ihnen ausdauernd die Hand zu drücken.

Wunderschön ist es auch, wenn sich die Minderheiten gegenseitig fertigmachen. So hatte ich mal einen jungen türkischen Chauffeur, der sich nach dem Mauerfall Sorgen um sein Deutschland machte: »Was du können mir sagen über Russen, hä? Was machen Russkis in unser Deutschland, hä? Nämmen Arbeit weg, zahlen keine Steuern, nämmen Frau weck, schicken Nutte dafür, klauen Auto und verkaufen nich ma Döner! Hast du schon gegessen russisch? Kannssu vergessen, ist wie Scheiße, schmeckt alles wie geklaute Auto!«

Wer will da noch mit dem eigenen Auto fahren?

Schnee von gestern, Schnee von heute

Wie jeder weiß, war früher alles besser. Das Geld war noch was wert, die Jugend konnte sich benehmen, die Butter hieß *Gutebutter* und man war auch mit wenig zufrieden. Vor allem aber war das Wetter besser. Überhaupt gab es mal richtiges Wetter, früher. Zwar erklärt einem niemand, wann das war, dieses ominöse Früher, aber das ist auch egal, denn Früher heißt das Land, in dem alle Hoffnungen wahr geworden sind, nur eben hat man es, als Früher das Jetzt war, nicht gemerkt.

Das Wetter war jedenfalls wie von Rudi Carrell beschrieben: Sonnenschein von Juni bis September! Früher kam also die Landwirtschaft auch locker mal vier Monate ohne Regen aus. Und im Winter? Da fiel natürlich Schnee, dass es krachte. Zwar kann sich keine Omma und kein Oppa daran erinnern, mehr als einmal Schnee im Dezember gehabt zu haben, trotzdem faseln sie immer was davon, dass Weihnachten früher weißer gewesen sei.

Heute haben wir ja praktisch keinen Schnee. Na gut, im Januar/Februar 2009 kriegten wir das weiße Zeug fast vier Wochen nicht von der Straße. Und der Stadtparkteich war so zugefroren, dass die Fische sich mit kleinen Eisfräsen nach oben arbeiten mussten, um Luft in ihr Heim zu lassen. Wir sind sogar Schlittschuh gelaufen. Hm, 2005/2006 war auch ziemlich hart. Aber anders. Der Schnee von gestern hatte es einfach in sich. Na gut, eigentlich war die Luft noch dreckig vom Ruß der Zechen, Stahl- und Hüttenwerke oder wo immer das Zeug damals rauskam, aber er muss damals besser gewesen sein, denn früher war doch *alles* besser!

Also Anfang 2008, da passierte dann aber mal wirklich was Schockierendes: Wir hatten Industrieschnee! Jawoll, nicht nur die Chinesen können das Wetter manipulieren, um es bei Olympia nett zu haben! Laut Wikipedia spricht man von Industrieschnee, wenn die weiße Pracht durch Emissionen, »vor allem von Wasserdampf und Kondensationskernen von Industrieanlagen hervorgerufen wird«. Voraussetzung für die Entstehung von Industrieschnee sind besondere Wetterbedingungen wie Nebel oder hochnebelartige Bewölkung, eine ausgeprägte Temperatur-Umkehrschicht (Inversion) in Bodennähe, geringe Luftbewegung und Temperaturen unter dem Gefrierpunkt. Das Zeug ist feinkörniger als normaler Schnee, da er nur aus einer Höhe von 100 bis 200 Metern kommt, sodass die Eiskristalle nicht genügend Zeit hatten, sich auszubilden. (Klugscheißen – leichtgemacht mit Google.)

Außerdem ist Industrieschnee örtlich eng begrenzt. Für Theo, den alten Schrebergartennachbarn meiner Eltern, war das kein Wunder: »Kumma, hier läuft ne klare Linie durch die Anlage. Auf diese Seite, wo et schön weiß geworden is, da stehen ordentliche Gärten. Gut gepfleecht. Da wird sich gekümmert. Und da drüben«, wies er mit einer Handbewegung ins Ungefähre, »da hausen die Paselacken, die ihren Garten nur zum Saufen haben. Datt hat die Natur schon ganz schön eingerichtet.«

Ich erlaubte mir einzuwenden, dass Industrieschnee nur wenig mit Natur zu tun habe, weswegen ja der Experte von einer »anthropogenen, das heißt vom Menschen verursachten Beeinflussung des Wetters« spreche.

Theo schüttelte den Kopf und sagte: »Junge, lass die Finger von den Drogen! Und überhaupt«, fügte er hinzu und stützte sich auf seine Schneeschaufel, »kannten wir sowatt früher nich. Industrieschnee! Datt hatten wir doch gar nich nötich! Schnee war immer da. Und wir waren auch mit wenich zufrieden. Und wenn von dem ganzen Schnee, den wir damals hatten, auch ma watt Industrieschnee dabei war, dann hammwa datt nicht gemerkt.«

Den Schnee von heute gab es also gestern eigentlich auch schon. Nur hat er sich besser getarnt.

Wichtig für die Region

Ich sitze im ICE von München nach Hannover, und zwar in der ersten Klasse, um den Leberwurstbroten in der zweiten zu entgehen. Mir gegenüber sitzt ein stämmiger Herr in einem blauen Hemd mit weißem Kragen – etwas, das ich ungefähr so sehr schätze wie mit dem Gesicht in ein seit zwei Wochen nicht gereinigtes Katzenklo zu fallen. Der Herr blättert im Handelsblatt, ich halte ihm aus reiner Bosheit eine taz entgegen und lese einen Artikel über die Arbeit illegaler nordafrikanischer Immigranten bei der Wassermelonen-Ernte in Spanien.

Der Herr mir gegenüber schwitzt. Vielleicht beschäftigt er Schwarzarbeiter. Unter erstaunlich großer Geräuschentwicklung faltet er seine zerlesene Wirtschaftsgazette zusammen und starrt ein paar Sekunden auf die draußen vorbeiziehende Landschaft. Ich weiß, was mir gleich bevorsteht: eines dieser »Fahren-Sie-auch-bis-Hannover?«-Gespräche, die man im Zug viel zu häufig führen muss.

»Fahren Sie auch bis Hannover?«

Tatsächlich, er hat es gefragt. Und das auch noch in breitestem Münchener Dialekt. Was jetzt? Am liebsten würde ich ihm sagen, dass ich erst mit ihm rede, wenn er ein anderes Hemd anzieht und Hochdeutsch redet, aber so was traut man sich ja doch nicht. Stattdessen sage ich nur »Ja« und vertiefe mich wieder demonstrativ in das Zentralorgan seines Klassenfeindes.

»Kommen Sie aus München?«

Verdammt, der lässt nicht locker.

»Jetzt gerade ja.«

»Aber Sie sind nicht von da, das hört man gleich.«

Donnerwetter, ich reise mit Einstein! »Nein, ich bin nicht von da«, sage ich und denke: Ich war noch nie von da und werde nie von da sein.

»Woher kommen Sie, wenn ich fragen darf?«

Innerlich seufze ich und frage mich, wieso man solche Gespräche nie von attraktiven Frauen Ende zwanzig aufgedrängt bekommt.

»Ich komme aus Bochum«, sage ich.

»Ach, aus dem Ruhrgebiet?« Da ist er wieder, dieser Blick! Diese Mischung aus Mitleid und Überlegenheit, wenn man jemandem aus Restdeutschland gesteht, dass man aus dem

Ruhrgebiet kommt. Ein Blick, der zu sagen scheint: »Ach, das tut uns aber leid, dass du nicht mit uns schwimmen gehen kannst, weil du einen künstlichen Darmausgang hast!«

Die taz lege ich jetzt mal zur Seite und signalisiere Kommunikationsbereitschaft, denn ich will sehen, wie der dicke Herr mit dieser Antwort klarkommt.

»Ich muss Ihnen sagen«, bayert er mich an, »ich war erst kürzlich in Mülheim, und ich habe mich gewundert, wie viel Grün es doch im Ruhrgebiet gibt.«

»Ja, ja, man nennt es mittlerweile Bad Mülheim«, aber darüber kann der Herr nicht lachen, also sage ich: »Das war ein Scherz«, und dann lacht er doch noch.

Es ist immer das Gleiche: In Bochum hat die letzte Zeche Anfang der Siebziger dichtgemacht, aber mancherorts denkt man immer noch, man könne nicht mit einem weißen Hemd durch unsere Innenstadt gehen, ohne sich hinterher den Ruß aus dem Kragen wischen zu müssen. Und wie blöd sie gucken, wenn sie feststellen, dass sie uns ein Wort wie »Baum« nicht mit Piktogramm erklären müssen!

Wenn meine Schwiegermutter aus einem kleinen Kaff in der Nähe von Erlangen zu uns nach Bochum kommt, hat sie meistens drei bis vier Kisten voller Lebensmittel im Kofferraum, und ich hoffe dann immer, das entspringt nur ihrer angeborenen Großherzigkeit und nicht der Sorge, bei uns würde es so exotische Waren wie Bohnenkaffee und Südfrüchte nicht geben.

Oder aber die seit Jahrzehnten immer weiter abnehmende Allgemeinbildung schlägt zu und wirft Ruhrgebiet und Rheinland wieder mal in einen gemeinsamen norddeutschen Topf. »Ach, Ihre Lesung in Köln war so ein Erfolg?

Naja, Heimspiel, was?« Irrtum, nach Köln gehe ich nur, wenn ich Geld dafür bekomme.

»Also, ich muss Ihnen sagen«, kommt es aus dem qualligen Gesicht oberhalb des weißen Kragens, »ich bin ja sehr gerne im Ruhrgebiet.« Aha, diese Schiene! Nach dem Motto: Ich habe nichts gegen Ausländer, ich kaufe sogar mein Obst bei denen. Das kann ich ja noch weniger leiden, diese pittoreske Idealisierung! Jetzt kommt gleich was von der Direktheit der Menschen im Pott, wie erdig wir doch alle seien und wie toll diese raue Herzlichkeit, und wie beeindruckend wir den Strukturwandel verarbeitet hätten, und was sonst noch so gern an wohlmeinender Malocher-Romantik dahergefaselt wird, und dass bei uns noch Fußball mit Herz gespielt werde und wie wichtig das auch sei, »für die ganze Region«.

Machen wir uns doch nichts vor, verkniffene, engstirnige Fratzen gibt es auch bei uns, und die Menschen werden nicht besser, nur weil sich der Lichtschein flüssigen Stahls so malerisch in ihren Gesichtern bricht! Soll er sich nur bei mir einschleimen, ich werde ihm schon erzählen, was er mich kann mit seiner gütigen Arroganz!

Der dicke Mann holt ein Taschentuch aus seiner Hosentasche und wischt sich damit über die Stirn. »Aber eine Frage hätte ich da mal.«

»Und zwar?« Komm schon, denke ich, und nehme innerlich die Fäuste hoch gegen die zu erwartende Umarmung.

»Wieso sind die Leute bei Ihnen immer so unhöflich? Und warum laufen bei Ihnen die Männer auch im Winter immer noch im Unterhemd über die Straße? Können Sie nicht mal Benehmen lernen? Stahl und Kohle, die Zeiten sind doch wohl vorbei, das verschlingt doch nur noch Subventionen!«

Unverschämtheit! Was erlaubt der sich? Soll erst mal richtig Deutsch lernen, anstatt mich mit seinem Weißwurst-Genuschel zu belästigen! Wenn hier einer das Ruhrgebiet beleidigen darf, dann doch wohl ich! Wo kommen wir denn da hin, wenn das auch noch die Auswärtigen übernehmen! Unsere Kohle hat euch nach 45 wieder nach oben gebracht und heute macht ihr Zicken wegen dem Länderfinanzausgleich! Ein paar Sekunden lang komme ich mir vor, als sei ich selbst noch in den Fünfzigern auf Prosper Haniel eingefahren und hätte das schwarze Gold mit meinen eigenen Händen aus dem Schoß der Erde gerissen. Und überhaupt ist das jetzt hier Frankfurt, und da steige ich jetzt aus, was will ich denn in Hannover, ist doch genauso ein Drecksnest wie München oder alle anderen! Südlich von Hattingen ist für mich Tirol und nördlich von Recklinghausen Dänemark, östlich von Unna beginnt für mich Sibirien und westlich von Duisburg ist die Welt zu Ende und da fallen alle ins Urmeer!

Was? Wie ich auf drei Seiten zweimal meine Meinung ändern kann? Das geht Sie gar nichts an. Höflichkeit ist was für Leute, die nicht richtig arbeiten können!

Dank …

… an Omma. Für alles.

… an Robert für den Untertitel.

… an Ludwig für die komischen Gesichter.

… an Maria sowieso.

Und an:

Scotty und das Pack aus Block B. Vor allem sei dem Cherusker und seiner Frau gedankt, und zwar für die Story
über das Kind zwischen zwei Vereinen. Dank auch an Ben
Redelings, dessen Buch »Dem Fußball sein Zuhause – Pöhlen, Pils und Pokale entlang der B1« zur Pflichtlektüre im
Sportunterricht werden sollte. Und sonst auch. Dank auch

an Nadine und Bärbel und Walter, die alles schon so oft gehört haben. Außerdem an Nicola, Marco, Matthias, Uta, Kerstin und alle, die ich jetzt vergessen habe.